Nordic Walking

Das effektive Ausdauertraining

Sonderausgabe

topfit und gesund

Text: Kirsten Metternich
Titelabbildung: ifa Bilderteam
Gestaltung: Carsten Abelbeck
Umschlaggestaltung: Axel Ganguin

ISBN 3-8174-5865-7
5358652

Nordic Walking

Vorwort

Nordic Walking hat sich innerhalb der letzten fünf Jahre zu einem regelrechten Trendsport entwickelt – und das europaweit. Viele Argumente sprechen für dieses effektive und schonende Fitnesstraining. Dank des bewussten Einsatzes der Stöcke werden beispielsweise etwa 90 Prozent aller Muskeln während des Trainings beansprucht. Das bietet in diesem Umfang kaum eine andere Sportart.
Nordic Walking kann jeder, ob groß oder klein, jung oder alt, allein, im Verein oder mit Freunden. Als ganzkörperorientiertes Ausdauertraining ermöglicht Nordic Walking allen Anfängern einen leichten Einstieg in diesen Sport und in ein aktiveres Leben. Mehr als die Hälfte aller Nordic Walker sind sportliche Anfänger. Doch auch für Wiedereinsteiger nach einer längeren Trainingspause und sogar für Kinder bietet sich Nordic Walking als regelmäßiger Ausdauersport an. Selbst trainierte Sportler kommen während des Trainings voll auf ihre Kosten, denn das Training lässt sich je nach Tempo, Gelände und Bodenbeschaffenheit ganz individuell gestalten.
Wer einmal damit begonnen hat, mit Stöcken zu walken, wird sehr schnell die wohltuenden Wirkungen auf Körper und Geist spüren. Regelmäßiges Training macht nicht nur fit, es hilft auch Stressfaktoren abzubauen, das Immunsystem zu stärken, Blutdruck- und Blutzuckerwerte zu verbessern und die Fettverbrennung anzukurbeln.

In diesem Ratgeber finden Sie alles Wissenswerte rund um das Thema Nordic Walking. Von den ersten Gehversuchen über die optimale Ausrüstung und die richtige Technik, bis hin zu ausführlich beschriebenen Stretch- und Dehnübungen. Abgerundet wird der Ratgeber durch zahlreiche Infos und Trainingstipps. Sie erhalten Anregungen zum Training mit einem Herzfrequenzmesser, zu verschiedenen Nordic-Fitness-Variationen und natürlich zu einer gesunden Ernährung.

Viel Spaß und Erfolg beim Nordic Walking.

Trendsport Nordic Walking

Vom Ski zum Nordic Walking

Ein neuer Trendsport wird geboren

Wie der Name unschwer verrät, stammt das zügige Gehen mit zwei Stöcken aus dem Norden. Bereits in den 50er-Jahren des letzten Jahrhunderts wandten finnische Spitzenathleten aus den Disziplinen Langlauf, Biathlon und Nordische Kombination das Nordic Walking als Sommertrainingsmethode an. Auf diese Weise konnten die Leistungssportler auch im Sommer mit ihren Skistöcken ihre Geh-, Lauf- und Sprungtechniken üben und perfektionieren. So blieben sie fit für die anstrengenden winterlichen Sportwettbewerbe.

Mitte der 80er-Jahre wurden Versuche gestartet, Nordic Walking als Breitensport zu etablieren. Leider ohne durchschlagenden Erfolg. Dies lag vorwiegend an den unhandlichen Stocklängen aus dem Skisport, die eine hohe Trainingsbelastung verursachten und Hand-, Arm- und Schultergelenke mehr be- als entlasteten. Auch die Materialeigenschaften der üblichen Alustöcke verhinderten einen Erfolg: Die während des Einsatzes der Stöcke hervorgerufene Vibration machte sich sofort in Armen, Händen und Schultern bemerkbar. Aufgrund dieser Erfahrungen und mithilfe zahlreicher Tipps Trainierender entwickelten Sportwissenschaftler und Sportmediziner gemeinsam mit Profisportlern in vielen Jahren Forschung und Entwicklung das Nordic Walking zu einem gesunden Fitnesstraining für jeden.

Nordic Walking geht um die Welt

Nachdem die Sportart im Frühjahr 1997 in Finnland vorgestellt worden war, lief sie dem Jogging in nur drei Jahren den Rang ab. Heute walkt bereits jeder fünfte Finne regelmäßig nordisch. Zug um Zug schwappte die Welle des neuen Fitnesssports über Skandinavien, die USA und Japan nach Mitteleuropa. Mittlerweile ist Nordic Walking auch im deutschen Straßenbild kaum mehr wegzudenken. Doch das war nicht immer so. Walkte man früher mit Stöcken, musste mit

Hohn und Spott gerechnet werden. Aussagen wie „da hat aber jemand seine Skier vergessen“ oder „der hat wohl die Jahreszeit verwechselt“ waren übliche Kommentare. Heute ist es sicher keinem Nordic Walker mehr peinlich, sich mit seinen Stöcken sportlich fortzubewegen. Denn das Nordic-Walking-Fieber greift um sich: Etwa 800.000 Männer und Frauen walken in Deutschland regelmäßig nordisch. Und die Tendenz ist weiter steigend: Sportwissenschaftler prognostizieren, dass sich in den nächsten sieben Jahren mehr als acht Millionen Deutsche für diese gesunde und effektive Sportart entscheiden werden.

Wirkungen auf Körper und Geist

Ihr Körper braucht Bewegung

Alltagsstress und Ausgleichssport

Hektik, Stress und Zeitdruck gehören für viele Menschen zum Alltag. In diesen Situationen werden verstärkt die Stresshormone Adrenalin und Cortisol gebildet. Als Folge können beispielsweise das so genannte

Burn-out-Syndrom, Herz-Kreislauf-Probleme und Konzentrationsschwächen auftreten. Auch führt das tägliche mehrstündige Sitzen am Schreibtisch in meist ungesunder Haltung zu Verspannungen. Doch auch die klassischen körperlichen Berufe beinhalten heute weniger Bewegung, als es früher der Fall war. Häufig kommt eine einseitige Belastung dazu, die zu Rücken- oder Gelenkschmerzen führen kann. Für eine ausgleichende Bewegung wird meist nicht gesorgt. Natürlich ist es angenehmer, sich nicht anstrengen zu müssen, doch auch ohne Bewegung fühlt man sich langfristig ausgepowert. Denn das Herz verliert an

Leistungsfähigkeit, die Muskulatur bildet sich zurück, die Knochen werden morscher und Fett lagert sich an Bauch, Po und Hüften ab. Der Körper leidet und dies trübt auch die Seele. Jetzt ist es an der Zeit, nicht in Lethargie zu versinken, sondern aktiv etwas gegen die vielfältigen Beschwerden zu unternehmen. Denn wer für einen Ausgleich zu seinem Berufsalltag sorgt, wird schnell vielfältige Veränderungen an seinem Körper erleben. Während der Bewegung in der Natur werden die Stresshormone wieder abgebaut. Sie fühlen sich fit für die Aufgaben des Alltags und können künftige Stresssituationen weitaus gelassener meistern.

Faule Ausreden waren gestern

Sicher ist es nicht immer leicht, nach einem anstrengenden Arbeitstag den inneren Schweinehund zu überwinden und sportlich aktiv zu werden. Probieren Sie es aus. Sobald Sie die Schuhe angezogen haben und die ersten Meter nordisch walken, sind Gedanken an das Warum wie weggeflogen. Denn der Körper stellt sich sogleich auf die ausgleichende Belastung ein. Überwinden Sie sich und werden Sie aktiv: Ihr Körper wird es Ihnen ein Leben lang danken.

Argumente für mehr Bewegung

- Sind Sie der Meinung, dass Sie genug Bewegung haben, da Sie täglich im Büro, auf der Baustelle oder im Haushalt herumlaufen? Dann ist diese Annahme leider falsch. Denn im Alltag läuft man immer wieder mit Pausen. Doch nur ein Training von mindestens 20 Minuten, besser einer halben Stunde am Stück stärkt den Körper und aktiviert den Grundumsatz und die Kalorienverbrennung effektiv.
- Stress haben heute alle in mehr oder weniger hohem Maße. Zum Abschalten und Energietanken ist Nordic Walking perfekt. Denn es bringt Körper und Geist wieder in eine harmonische Balance. Studien belegen sogar, dass sportlich aktive Menschen in Stresssituationen weitaus entspannter und gelassener reagieren.
- Allein fällt es häufig schwer, sich aufzuraffen. Auch die anfängliche Euphorie schwindet schnell dahin. Dann bieten sich beispielsweise Walking- und Nordic-Walking-Lauftreffs an. Hier haben Sie mit gleich Gesinnten Spaß an der Bewegung, erkunden die Umgebung und haben einen festen Termin, den Sie in Ihren Alltag und in Ihr Berufsleben einplanen können.
- Auch das Wetter bietet keine Ausrede: Denn es gibt kein schlechtes Wetter, sondern nur schlechte oder unpassende Kleidung. Für jede Witterung gibt es heute Funktionsbekleidung, die das Training problemlos möglich macht.
- Auch bei bereits bestehenden orthopädischen Beschwerden wie Bandscheiben- oder Knieproblemen bietet sich Nordic Walking als schonende und stärkende Sportart an.
- Leben Sie nach Winston Churchills Devise „Sport ist Mord"? Dann bietet Ihnen Nordic Walking eine Bewegungsart mit einem sehr niedrigen Verletzungsrisiko und einem hohen Nutzen für Ihren Organismus.
- Sind Sie der Meinung, dass Körper und Geist durch Schonung effektiv entspannen? Dann probieren Sie es doch einmal mit sanftem Nordic Walking. Das ist für den Körper garantiert schonender, als nichts zu tun. Denn Knochen, Muskeln, Herz und Gelenke wollen gefordert werden, damit sie voll funktionstüchtig bleiben.

- Fehlt Ihnen Ihrer Meinung nach die Zeit für körperliche Bewegung? Dann sollten Sie überlegen, was Sie in Ihrem Leben ändern können. Denn regelmäßige Bewegung ist ein Garant für ein gesundes und leistungsfähigeres Leben. Wer regelmäßig Sport treibt, schafft seine tägliche Arbeit einfacher und schneller, denn Sport macht Körper und Geist beweglicher.
- Fühlen Sie sich zu alt, um Sport zu treiben? Lassen Sie sich nicht beirren. Denn Nordic Walking ist für jeden Menschen – ob alt oder jung – ein sehr effektives und schonendes Fitnesstraining.
- Trauen Sie sich mit Ihren Pfunden nicht in die Öffentlichkeit? Bleiben Sie trotzdem am Ball, denn mit jeder Stunde Nordic Walking kommen Sie Ihrem Ziel, Gewicht zu reduzieren, ein Stück näher.
- Haben Sie bisher auf Bewegung im Freien verzichtet, da Ihnen Jogging zu anstrengend und Walking zu banal erschien? Dann ist Nordic Walking genau das Richtige, um Körper und Geist zu fordern.

Nordic Walking – Wohltat für den ganzen Körper

Herz und Kreislauf in Topform

Herz-Kreislauf-Erkrankungen sind in Deutschland nach wie vor die Todesursache Nummer eins. Etwa 300.000 Menschen erleiden jährlich einen Herzinfarkt und etwa 150.000 einen Schlaganfall. Doch das muss nicht sein: Jeder zweite Herzinfarkt könnte durch eine Veränderung der Lebensgewohnheiten vermieden werden. Neben einer Umstellung der Essgewohnheiten sowie einer Reduktion von Nikotin-, Koffein- und Alkoholgenuss sollte unbedingt für ein Plus an Bewegung gesorgt werden. „Wer rastet, der rostet“: Diese Aussage trifft auch auf das Herz-Kreislauf-System zu. Denn ohne ausgleichende Bewegung verkümmert das Herz und entwickelt sich zu einem leistungsschwachen „Büroherz“. Das macht sich beispielsweise in der Höhe des Pulses bemerkbar. Untrainierte, gesunde Menschen haben häufig einen erhöhten Ruhepuls, der bei der kleinsten Bewegung in die Höhe schnellt. Sobald Herz und Kreislauf einem regelmäßigen Training ausgesetzt sind, bessert sich die Pulsfrequenz von Trainingseinheit zu Trainingseinheit. Bleibt das Herz hingegen untrainiert, verengen sich häufig die Herzkranzgefäße, wodurch der Herzmuskel nur unzureichend mit der nötigen Menge an Sauerstoff versorgt wird. Lagert sich dann noch in den Gefäßen Kalk ab, wird es im wahrsten Sinne des Wortes eng für das Herz. Es kann eine Arterienverkalkung (Arteriosklerose) entstehen. Auch ein angeschwemmter Blutpfropf kann sich in der Arterie festsetzen und das Gefäß so verschließen, dass kein Blut mehr durchfließen kann. Das Gewebe hinter dem Verschluss erstickt und stirbt ab. Die Folge ist der gefürchtete Herzinfarkt. Dank regelmäßigem Nordic Walking wird die Leistungsfähigkeit des Herzens gestärkt. Es arbeitet ökonomischer und mit einem größeren Schlagvolumen, was eine niedrigere Pulsfrequenz zur Folge hat. Die Leistungsfähigkeit Ihres Herzens können Sie übrigens während Ihres Trainings feststellen: Je langsamer Ihr Puls während des Trainings in die Höhe schnellt, desto trainierter ist Ihr Herz. Aber auch die Herzkranzgefäße stabilisieren sich und werden dicker. Nicht nur das Herz, auch die Muskeln arbeiten ökonomischer: Der Austausch von Stoffwechselprodukten läuft besser ab. So wird in kurzer Zeit vermehrt Sauerstoff zum Muskel transportiert. Das ist besonders wichtig für Menschen mit Bluthochdruck (Hypertonie). Wer

Ein Herz-Kreislauf-Training mit Nordic Walking bietet Ihnen den besten Schutz vor einem Herzinfarkt oder einem Schlaganfall. Mit dem Stocktraining stabilisieren Sie nicht nur Ihren Kreislauf, sondern bringen auch Ihren Puls auf ein Niveau, das die Leistungsfähigkeit des Herz-Kreislauf-Systems verbessert und stabilisiert. Bei regelmäßigem Training führt Nordic Walking bei Menschen, die an Bluthochdruck leiden, zu einer deutlichen Verbesserung. Langfristig können häufig sogar die Medikamente reduziert oder sogar ganz weggelassen werden.

also regelmäßig nordisch walkt, spürt sehr schnell nicht nur eine Stabilisierung von Herz und Kreislauf, sondern auch eine deutliche Erhöhung der Belastbarkeit, der körperlichen Fitness und der Vitalität. Alltägliche Bewegungen, wie beispielsweise das Treppensteigen, fallen wesentlich leichter.

Wellness für die Gelenke

Sich körperlich gut zu fühlen ist bestimmt eines der erstrebenswertesten Ziele im Leben. Hierfür ist auch erforderlich, dass Gelenke trainiert und richtig belastet werden. Wer sich für ein Leben mit mehr Bewegung ent-

Nordic Walking schützt die Gelenke vor Abnutzungserscheinungen. Während des Trainings werden die Zellen mit Nahrung wie Aminosäuren (Eiweißbausteine), Traubenzucker (Glukose) und Sauerstoff versorgt. So kann sich die Knorpelsubstanz regenerieren und stabilisieren. Deshalb ist Nordic Walking auch für Menschen mit Gelenkbeschwerden oder nach Sportverletzungen optimal geeignet.

scheidet, ist mit Nordic Walking auf der richtigen Spur. Denn Nordic Walking ist weitaus gelenkschonender als beispielsweise Jogging. Da immer ein Fuß mit dem Boden in Berührung bleibt, müssen keine harten Landungen abgefangen werden. Das ist besonders wichtig, wenn Sie untrainiert, übergewichtig oder im fortgeschrittenen Alter sind. Durch den Stockeinsatz wird die Belastung zudem gleichmäßig auf Arme, Rücken und Beine verteilt. Das entlastet die Gelenke um etwa 30 Prozent, und Überbelastungen oder Sportverletzungen sind nahezu ausgeschlossen. Hinzu kommt, dass Nordic Walking ein perfektes Gelenktraining für Hüfte, Knie und Füße bietet. Denn während der Bewegung werden die Gelenkknorpel optimal ernährt und es kann sich neue Gelenkflüssigkeit bilden. So bleiben die Gelenke lange stabil und leistungsfähig.

Starke Muskeln dank Nordic Walking

Muskeln wollen ähnlich wie das Herz regelmäßig gefordert werden. Nur so können sie sich entwickeln und dem Körper einen optimalen Schutz in Form eines stützenden Korsetts bieten. Ab dem 30. Lebensjahr beginnt der Körper langsam mit dem Abbau von Muskelmasse. Das hat zur Folge, dass Muskeln durch Fettmasse ersetzt werden und es schwieriger wird, Gewicht zu verlieren. Denn Muskelmasse verbrennt weitaus mehr Energie als Fettmasse. Und je schlapper und untrainierter das körperliche Muskelpaket ist, desto schneller machen sich Beschwerden im Rücken, Halswirbelbereich und Nacken bemerkbar. Auch das Gewebe wird schlaffer, die Haut faltiger und die Silhouette runder. Um einem Muskelabbau vorzubeugen, sollte also regelmäßig Sport getrieben werden. Insbesondere Nordic Walking trainiert mehr Muskeln als andere Sportarten. Beim klassischen Walken oder Laufen trainieren Sie etwa 70 Prozent der Muskulatur, vorwiegend im Bereich der Beine und der Gesäßmuskeln (untere Extremitäten). Radfahren beansprucht nur etwa 50 Prozent der Muskeln. Beim Nordic Walking hingegen werden dank des Stockeinsatzes auch die Arme und damit insgesamt 90 Prozent der Muskeln beansprucht. Trainiert werden insbesondere Beine, Po, Hüfte, Arme, Schultern, Brust- und Rückenmuskeln. Das bieten in dieser Intensität weder Radfahren, Joggen, Walken noch Schwimmen. Zusätzlich richtet sich der Körper aufgrund des Einsatzes der Stöcke auto-

Wussten Sie schon ...

... dass eine starke Rückenmuskulatur auch für eine straffe Bauchmuskulatur wichtig ist? Wer eine gut ausgebildete Rückenmuskulatur hat, geht automatisch aufrechter, versorgt die Wirbelkörper mit mehr Sauerstoff und hat eine schlankere Silhouette.

matisch auf und hält sich gerade. Auch dies stärkt die Rücken- und Nackenmuskulatur. Und das auf sanfte Art und Weise, denn durch die Verwendung der Stöcke werden Beine und Wirbelsäule effektiv entlastet. Wenn Sie auf ebener Fläche nordisch walken, entlasten Sie Ihren Körper um etwa fünf Kilogramm. In nur einer halben Stunde ist das eine Entlastung von etwa sechs Tonnen. Gehen Sie bergauf oder bergab, erhöht sich die Entlastung: Bei einer halben Stunde mäßigem Bergaufgehen wird Ihr Bewegungsapparat um etwa 14 Tonnen entlastet, bei einer halben Stunde Bergabgehen sogar um etwa 17 Tonnen.

Wer sich also mit seinen Kilos plagt, häufig unter Kopfschmerzen oder Rückenbeschwerden leidet, kann dank Nordic Walking Abhilfe schaffen. Denn das Training verlangsamt und stoppt

Nordic Walking bietet einen idealen Ausgleich zur alltäglichen Belastung. Verspannte und verkürzte Muskeln erholen und stabilisieren sich. So können Beschwerden im Hals- und Rückenbereich gezielt verbessert werden. Auch der körperliche Grundumsatz steigt dank regelmäßigem Nordic Walking, da sich Muskelmasse bilden und stabilisieren kann.

häufig sogar den Abbau von Muskelmasse. Wer also regelmäßig nordisch walkt, trägt aktiv zur Verbesserung der Muskelmasse und zur Festigung des Bindegewebes bei. Das ist besonders für Frauen von Vorteil, denn auch die unliebsame Orangenhaut (Cellulite) verbessert sich. Und das ist längst nicht alles, was das Training bewirkt. Durch die regelmäßige Bewegung werden die Muskeln nicht nur stabilisiert, sondern auch aufgebaut. Und da Muskeln die körperliche Energieverbrennungsanlage sind, steigt auch der Kalorienverbrauch mit jedem wachsenden Muskel. Das geschieht nicht nur während des Trainings, sondern auch danach. Der so genannte Nachbrenneffekt wirkt noch mindestens anderthalb Stunden nach dem Training. So werden aufgenommene Kalorien in dieser Zeit besser verbrannt. Langfristig erhöht sich auch der körperliche Grundumsatz, also die Menge an Energie, die der Körper innerhalb von 24 Stunden benötigt, um alle Körperfunktionen aufrechtzuerhalten, was zur Folge hat, dass auch im Alltag, beispielsweise während der Arbeit oder vor dem Fernseher, mehr Energie verbrannt wird.

Kraft für die Bandscheiben

Die Bandscheiben sind die Puffer zwischen den Wirbelkörpern. Sie werden – anders als Muskeln oder Gewebe – nicht über die Blutgefäße ernährt. Aus diesem Grund ist eine regelmäßige Be- und Entlastung der Bandscheiben besonders

Regelmäßiges Nordic Walking kann das Entstehen von Bandscheibenvorfällen verhindern. Die Druckbelastung, die durch das Walken mit einem geraden und aufrechten Rücken entsteht, bietet einen perfekten Reiz zur Ernährung und Regeneration der Bandscheiben.

wichtig. So können die Bandscheiben mit frischen Nährstoffen versorgt und verbrauchte Stoffe abtransportiert werden. In der Praxis bedeutet das: Bandscheiben können langfristig nur dank regelmäßiger Bewegung gesund bleiben. Sind die Bandscheiben nicht ausreichend ernährt, laufen sie Gefahr, brüchig und porös zu werden und sich schneller abzunutzen. Die Folge sind Rückenschmerzen, Hexenschüsse und schmerzhafte Bandscheibenvorfälle. Diesen Abnutzungen der Bandscheiben können Sie mit Nordic Walking entgegenwirken, denn die Sportart bietet dank einer wechselnden Belastung des Beckens ein hervorragendes Bandscheibentraining.

Ein Plus für das Immunsystem

Stecken Sie sich häufig bei anderen, unter einem grippalen Infekt leidenden Menschen an? Sanft ausgeübter Ausdauersport stärkt die körpereigenen Abwehrkräfte auf ganz natürliche Weise. Wenn Sie außerdem zu jeder Jahreszeit nordisch walken, kann der Körper mit

Bleiben Sie fit und gesund bis ins hohe Alter. Nordic Walking macht es möglich, denn es stärkt die Abwehrkräfte und hält altersbedingte Veränderungen des Immunsystems natürlich auf.

Temperaturschwankungen viel besser umgehen, was wiederum das Immunsystem stärkt. Studien belegen, dass Menschen, die ein regelmäßiges, sanftes Ausdauertraining absolvieren und damit ihr Immunsystem stärken, seltener an Krebs erkranken als sportlich nicht aktive Menschen. Auch altersbedingte Veränderungen des Immunsystems können dank einer regelmäßigen sportlichen Betätigung aufgehalten werden.

Stabile Knochen: Schutz vor Osteoporose

Zu den Volkskrankheiten gehört auch die Osteoporose, die eine Verminderung der Knochenmasse zur Folge hat. Dies kann zu porösen Knochen und schlecht heilenden Knochenbrüchen führen. Wer in den ersten 30 Lebensjahren reichlich Knochenmasse aufbaut, profitiert davon auch im Alter. Nach Beendigung des 30. Lebensjahres zehrt der Körper von seiner bis dahin aufgebauten Knochenmasse. Um eine Osteoporose zu verhindern, sind eine calciumreiche Ernährung und regelmäßige Bewegung im Freien wichtig. Nordic Walking ist auch zur Vorbeugung gegen Osteoporose die perfekte Sportart: Unter Sonneneinstrahlung bildet der Körper Vitamin D, welches für den Knochenstoffwechsel von besonderer Bedeutung ist. Es sorgt dafür, dass Calcium besser vom Körper aufgenommen und leichter in die Kno-

Aktiver Knochenschutz beginnt mit der Bewegung: Nordic Walking regt die Knochen bildenden Zellen an und wirkt vorbeugend gegen Osteoporose. Dank des niedrigen Verletzungsrisikos ist das sanfte Training selbst dann geeignet, wenn bereits eine Osteoporose vorliegt. Auch wird während des Trainings dank der UV-Strahlung das für den Knochenstoffwechsel wichtige Vitamin D gebildet.

chen eingelagert wird. Selbst bei einem bewölkten Himmel und in den Wintermonaten wird genügend Licht für die Bildung des Vitamins freigesetzt.

Nordic Walking trotz Rheuma

Bei jeder Erkrankung sollten Sie unbedingt zunächst Ihren Arzt konsultieren und sich vergewissern, dass keine Einwände gegen ein Nordic-Walking-Training bestehen.
Solange Sie keinen akuten Schub haben, spricht sicher nichts gegen ein moderates Training. Haben Sie jedoch einen akuten Schub und möchten Sie Ihr Training trotzdem fortsetzen, sollten Sie ein paar Dinge beherzigen: Vermeiden Sie Abwärtsstrecken, da diese unnötig belasten können. Ziehen Sie warme Kleidung an, damit die Körpertemperatur nicht absinkt. Walken Sie mit niedriger Intensität, dafür aber mehrmals in der Woche. Das belastet die entzündeten Gelenke weniger. Sollten Sie beim Walken Schmerzen bekommen, verzichten Sie besser auf das Training, bis sich der akute Schub beruhigt hat.

Trotz akuten Schüben können Sie ein moderates Training absolvieren. Besprechen Sie dies jedoch mit Ihrem Arzt. Planen Sie während eines akuten Schubes kürzere Trainingseinheiten mit einer niedrigeren Intensität, gehen Sie dafür aber wöchentlich mehrmals laufen.

Bei Arthrose bietet Nordic Walking ein gesundes Training. Es schont die Gelenke, da nur das 1,5fache des Körpergewichts auf Knie- und Hüftgelenken lastet. Joggen hingegen belastet den Körper und die Gelenke mit der achtfachen Menge des Körpergewichts.

Arthrose und Nordic Walking

Sofern keine Schmerzen oder Entzündungen im betroffenen Gelenk vorliegen, können Sie Nordic Walking betreiben. Eine für das erkrankte Gelenk konzipierte Bandage sorgt für eine Minimierung der Schmerzen und für eine Stabilisierung der Gelenke während des Trainings. Achten Sie darauf, nicht auf steinigen Wegen zu laufen. Dies stellt eine zusätzliche Belastung für die Gelenke dar. Optimal ist Nordic Walking auf ebenen Strecken ohne viel Geröll.

Nordic Walking und Diabetes

Diabetes mellitus, auch Zuckerkrankheit genannt, ist eine der Stoffwechselerkrankungen unserer Zeit. Etwa acht Millionen Menschen in Deutschland leben mit dieser Erkrankung. Dabei unterscheidet man zwei Typen des Diabetes: den jugendlichen Typ-1-Diabetes und den Typ-2-Diabetes. Etwa 90 Prozent der Menschen mit Diabetes sind Typ-2-Diabetiker. Bei ihnen produziert die Bauchspeicheldrüse nicht mehr genug Insulin, also nicht mehr genug von dem Hormon, welches den Zucker aus dem Blut in die Zellen transportiert. Häufig liegt der Grund dafür in einem bestehenden Übergewicht. Doch nicht nur zum gesunden und effektiven Abbau der überschüssigen Kilos bietet sich Nordic Walking an. Auch die Blutzuckerwerte können durch ein regelmäßiges Nordic-Walking-Training positiv beeinflusst werden. Häufig haben Menschen mit Diabetes neben Übergewicht auch erhöhte

Blutfettwerte und Bluthochdruck. In diesem Fall spricht man vom Metabolischen Syndrom. Diesem teuflischen Quartett kann mit Nordic Walking gezielt begegnet werden. Denn regelmäßige Bewegung wirkt sich positiv auf alle vier Faktoren aus.

Trainingstipps bei Diabetes

Vor Trainingsbeginn empfiehlt es sich, den Blutzucker zu messen, denn während des Sports ist die Wahrnehmung einer Unterzuckerung (Hypoglykämie) häufig herabgesetzt. Um eine Unterzuckerung zu vermeiden, sollte der Blutzuckerspie-

Nordic Walking ist der ideale Sport für übergewichtige Menschen mit Diabetes und eignet sich besonders für diejenigen, die zum ersten Mal in ihrem Leben sportlich aktiv werden oder nach längerer Pause wieder einsteigen möchten. Nicht nur Blutzuckerwerte verlaufen durch ein regelmäßiges Training gemäßigter, auch diabetesbedingte Sekundärerkrankungen wie Bluthochdruck, erhöhte Blutfettwerte und Übergewicht bessern sich deutlich. Bewegung ist damit ein wichtiger Baustein einer effektiven Diabetes-Therapie. Empfehlenswert ist das Walken mit einem Partner, der im Notfall sofort reagieren kann, falls eine Unterzuckerung naht. Auch das Handy kann hier gute Dienste leisten und sollte unbedingt mit auf den Weg.

gel zwischen 150 und 180 mg/dl (8,4 bis 10,0 mmol/l) liegen. Obwohl Sport den Blutzucker senkt, sollte ab Werten über 250 mg/dl (14,0 mmol/l) kein Sport getrieben werden. Denken Sie bitte auch daran, zum Training Sport-BEs in Form von Traubenzucker oder Fruchtriegeln mitzunehmen. So sind Sie für eine mögliche Unterzuckerung gerüstet und müssen das Training nicht abbrechen. Wenn Sie insulinpflichtig sind, besprechen Sie mit Ihrem die Diabetes behandelnden Arzt, in welchem Umfang Sie Ihre Insulindosis vor dem Training verändern bzw. reduzieren sollten.

Blutfettwerte wandern in den grünen Bereich

Erhöhte Blutfettwerte (Cholesterin und Triglyceride) hat heute jeder dritte Erwachsene. Doch auch übergewichtige Kinder und Jugendliche leiden an erhöhten Blutfettwerten. Die Ursache liegt, wenn es sich nicht um eine angeborene Störung handelt, in der meist sehr ungesunden Lebensweise. Fettreiches Essen, Bewegungsarmut, regelmäßiger Alkoholkonsum und Übergewicht fördern eine Erhöhung der Blutfettwerte. Studien belegen, dass regelmäßige Bewegung und eine fettmodifizierte, ballaststoffreiche Ernährung der Schlüssel zu einer Verbesserung der Werte sind. So kann nicht nur Arterienverkalkungen (Arteriosklerose), sondern auch Herzinfarkten und

Schlaganfällen vorgebeugt werden. Besonderes Augenmerk wird heute auf die verschiedenen Cholesterinfraktionen, die mittels einer Blutabnahme gemessen werden, gelegt. Das LDL-Cholesterin (Low Density Lipoprotein) transportiert das Cholesterin zu den Organen. Ist die Konzentration zu hoch, wird das Zuviel nicht mehr benötigt und mit dem Blut wieder abtransportiert. Es lagert sich in Form von Plaques (Kalkablagerungen) an den Gefäßwänden ab und verengt die Arterien. Dies hat eine Arterienverkalkung zur Folge. Deshalb wird das LDL-Cholesterin auch als schlechtes Cholesterin bezeichnet. Das so genannte gute Cholesterin, das HDL-Cholesterin (High Density Lipoprotein) hat dagegen einen positiven Effekt auf die Arterien. Es nimmt überschüssiges Cholesterin in den Blutgefäßen auf und transportiert es vom Gewebe zur Leber. Dabei kann das HDL-Cholesterin sogar bereits vorhandene Plaques aufnehmen und das Gefäß praktisch frei putzen. Aus diesem Grund sind hohe HDL-Werte als Gefäßschutz besonders wichtig. Indem Nordic Walking den Anteil des guten HDL-Cholesterins erhöht, bietet es sich als Sportart zur Verbesserung der Blutfettwerte an.

Sie können Ihren Cholesterinspiegel positiv beeinflussen, wenn Sie zwei- oder dreimal wöchentlich eine Dreiviertelstunde nordisch walken. In Kombination mit einer fettmodifizierten, ballaststoffreichen Ernährung können Sie Ihr gutes HDL-Cholesterin langfristig um zehn Prozent erhöhen und das schlechte LDL-Cholesterin um zehn Prozent senken. Studien belegen, dass ein hoher HDL-Gehalt bei einem erhöhten Gesamtcholesterin einen sicheren Schutz vor Schlaganfall und Herzinfarkt bietet. Deshalb ist es wichtig, dass Sie sich immer die einzelnen Bestandteile des Cholesterinspiegels bei der Blutabnahme erklären lassen.

Nordic Walking für werdende Mütter

Nordic Walking ist auch für Schwangere die perfekte Sportart. Es schont die durch die Gewichtszunahme in der Schwangerschaft sehr stark strapazierten Muskeln, Bänder und Gelenke.

Dank der sanften Bewegungen während des nordischen Walkens werden der Körper der Mutter und das ungeborene Kind mit einer zusätzlichen Portion an lebenswichtigem Sauerstoff versorgt. Thrombosen können so verhindert und Wassereinlagerungen im Gewebe, bevorzugt in Beinen und Füßen, reduziert werden. Außerdem kämpfen viele Schwangere nach der Geburt mit ihren überflüssigen Pfunden. Von einer Gewichtsreduktion wird aber während des Stillens häufig abgeraten. Nordic Walking verhindert bereits in der Schwangerschaft eine übermäßige Gewichtszunahme und hilft dank des moderaten Trainings nach der Geburt, das Gewicht trotz des Stillens wieder zu reduzieren. Ein weiterer Pluspunkt für das nordische Walken während der Schwangerschaft ist der bessere Umgang mit der Hormonumstellung. Frauen, die während der Schwangerschaft sportlich aktiv sind, leiden sel-

Nordic Walking bietet schwangeren Frauen eine gesunde und schonende Art, körperlich aktiv zu bleiben. Während des Walkens wird das Ungeborene keinen abrupten Stößen ausgesetzt. Wichtig ist, dass Sie Ihr Trainingstempo Ihrem individuellen Befinden anpassen. Dabei lautet die Devise: lieber sanfter, langsamer und kürzer, als schnell mit reichlich Steigungen, Sprüngen und langen Intensitäten. Bevor Sie sich jedoch für das Nordic Walking entscheiden, sollten Sie mit Ihrem Gynäkologen abklären, ob Ihr Zustand den Sport zulässt. Empfehlenswert ist das Walken mit einem Partner, denn dieser kann sofort reagieren, falls Sie sich unwohl fühlen.

tener unter schwangerschaftsbedingten Depressionen und körperlichen Symptomen wie Kreislaufproblemen, Ödemen (Wasseransammlungen im Gewebe) und Müdigkeit.

Fitness und gute Laune mit Nordic Walking

Nordic Walking und der Kalorienverbrauch

Nordic Walking bietet sich auch zu einer gesunden und effektiven Gewichtsabnahme an. So werden auf körperschonende Art pro Stunde bis zu 400 und häufig sogar mehr Kalorien verbrannt. Damit ist Nordic Walking weitaus effektiver als Walken ohne Stöcke. Beim Nordic Walking steigt im Vergleich zum klassischen Walking der Kalorienverbrauch um 20 bis 46 Prozent, ohne dass das Training extrem schweißtreibend ist. Außerdem kurbelt das nordische Laufen den Stoffwechsel an und sorgt für einen erhöhten Energieumsatz. Nach einer erfolgreichen Gewichtsreduktion kann mittels eines regelmäßigen Nordic-Walking-Trainings das neue Gewicht auch gehalten und stabilisiert werden.

Aufatmen mit Nordic Walking

Durch den Einsatz der Stöcke während des Nordic Walkings richten Sie sich automatisch auf und gehen gerader. Durch diese Haltung verbessert sich Ihre Atmung, denn der Körper hat die Möglichkeit, mehr Sauerstoff in die Zellen zu transportieren. Das macht wach und frisch. Das aufrechte und gerade Gehen stärkt auch die Atemmuskeln und führt zu einer Zunahme des Lungenvolumens. So können Sie mit einem Atemzug weitaus mehr Sauerstoff aufnehmen. In stressigen Situationen, beim Treppensteigen oder einer anderen für Sie alltäglichen Anstrengung haben Sie mehr Luft und geraten nicht so schnell aus der Puste. Und: Je öfter Sie trainieren, desto mehr Sauerstoff gelangt in die Muskeln, die dann intensiver arbeiten können.

Nordic Walking stärkt den Geist

Wer sich regelmäßig an der frischen Luft bewegt, stärkt nicht nur sein Immunsystem, sondern öffnet auch seinen Geist für neue Dinge. So beschreiben Nordic Walker, dass sie dank des regelmäßigen Trainings im

Freien ein neues und anderes Bewusstsein für die Natur bekommen haben. Häufig wird während des Nordic Walkings der Kopf frei: Denkblockaden und psychische Anspannungen lösen sich auf. Für viele ist das Training daher eine feste Größe in ihrem Leben geworden.

Gute Laune dank Nordic Walking

Studien bestätigen, dass ein regelmäßiges Training Depressionen reduzieren und sogar verhindern kann. Das hängt sehr stark mit der Produktion von Serotonin und Endorphinen zusammen. Diese Hormone, die quasi die Frohhormone unseres Körpers sind, werden beim Nordic Walking vermehrt ausgeschüttet. Das ist besonders in der dunklen Jahreszeit von Vorteil: Durch regelmäßiges Nordic Walking vertreiben Sie Trübsal, Winterdepressionen und schlechte Laune und sorgen dafür, dass sich Ihr Körper nicht mehr matt und müde fühlt.

Fitness für Jung und Alt

Nordisch walken kann jeder

Nordic Walking kann jeder ausüben. Ganz egal ob groß, klein, dick, dünn, jung oder alt. Es ist der ideale Einstieg zu einem Mehr an Bewegung. Menschen, die bisher wenig oder gar keinen Sport betrieben haben, spüren beim Nordic Walking sehr schnell messbare Erfolge. Auch für Übergewichtige und ältere Menschen ist das nordische Walken empfehlenswert. Denn es ist besonders gelenkschonend und das Tempo kann individuell festgelegt werden. Ältere Menschen erhöhen beim Nordic Walking durch den Einsatz der Stöcke die Sicherheit und können möglichen Stürzen vorbeugen. Während das Joggen oder klassische Walken auf rutschigem Untergrund, beispielsweise bei Schnee, Regen oder dichtem Blätterteppich, schnell zur gefährlichen Rutschpartie wird, können Sie Ihr Nordic-Walking-Training dank der Stöcke gefahrlos absolvieren. Die Stöcke bieten jedoch noch viel mehr: Sie eignen sich auch prima für ein Gymnastikprogramm. Mit den

Stöcken haben Sie in Gefahrensituationen in Wald und Flur auch eine Waffe zur Hand, beispielsweise um sich gegen aggressive Hunde zur Wehr zu setzen. Auch im Rehasport gewinnt Nordic Walking zunehmend an Bedeutung. Denn gerade nach Sportverletzungen, Stoffwechselerkrankungen oder bei Einschränkungen des Bewegungsapparates ist das sanfte Ausdauertraining sehr zu empfehlen. Aber auch trainierten Sportlern bietet Nordic Walking eine willkommene Alternative zu ihrem Standardprogramm. Häufig trägt ein Mix aus verschiedenen Sportarten dazu bei, dass bestimmte Muskelgruppen besser beansprucht und ausgebildet werden. Um beispielsweise eine Gewichtsreduktion herbeizuführen kann sich ein Mix aus Nordic Walking und Schwimmen als perfektes Paar erweisen. Auch der Traum vieler Jogger wird wahr, denn beim Nordic Walking werden – anders als beim Joggen – auch Muskeln der oberen Extremitäten trainiert, die bei vielen Menschen durch Computer- und Büroarbeit verspannt und schwach ausgebildet sind. All diese Vorteile führen dazu, dass Nordic Walking in Deutschland, Österreich und der Schweiz bereits zum festen Repertoire von Sporthotels und Wellnessfarmen gehört. Mittlerweile bietet die Tourismusindustrie die Sportart auch als Komplettprogramm an: Fitnessurlaube inklusive Nordic-Walking-Schnupperkurs und geführten Wanderungen sind keine Seltenheit mehr.

Die perfekte Sportart für Kinder und Jugendliche

Auch bei Kindern und Jugendlichen gewinnt Nordic Walking zunehmend an Bedeutung. Studien belegen, dass heute bereits jedes fünfte Kind und jeder dritte Jugendliche in Deutschland übergewichtig ist. Dabei ist das Thema Bewegung zur müden Angelegenheit geworden. Computerkids und Couchpotatoes (Bewegungsmuffel) verbrauchen deutlich weniger Energie, als ihre aktiven Altersgenossen. Statistisch gesehen bewegen sich Grundschüler heute im Schnitt nicht mehr als eine Stunde täglich. Das spiegelt sich auch in der körperlichen Leistungsfähigkeit der sechs- bis 18-Jährigen wieder. Ein sechsjähriges Kind lief 1976 im Durchschnitt in sechs Minuten 1.025 Meter. Ein gleichaltriges Kind schaffte im Jahr 1996 nur noch 875 Meter in der gleichen Zeit. Neben der Abnahme der körperlichen Leistungsfähigkeit treten bei Kindern und Jugendlichen heute Symptome auf, die früher nur bei Erwachsenen bekannt waren. Dazu gehören auch Bluthochdruck, Übergewicht und Typ-2-Diabetes, erhöhte Blutfett- und Harnsäurewerte sowie Beeinträchtigungen des Bewegungsapparates. Daneben treten vermehrt psychische Probleme auf. Dank der zahlreichen positiven Eigenschaften von Nordic Walking bietet sich die Sportart für inaktive Kinder und Jugendliche an, um den Weg zu einem Mehr an Bewegung zu finden. Je nachdem, wie ausgeprägt die sekundären Erkrankungen bei den Kindern und Jugendlichen sind, können sie bereits durch ein regelmäßiges Training verbessert werden. Nordic Walking ist auch ein Sport für die ganze Familie, denn er kann problemlos sowohl von Kindern und Jugendlichen, als auch von ihren Eltern und Großeltern ausgeübt werden.

Checkliste: Das bringt Nordic Walking für Körper und Geist

Wenn Sie sich für ein regelmäßiges Nordic-Walking-Training entscheiden, können Sie auf der ganzen Linie nur gewinnen. In der Checkliste finden Sie eine Zusammenfassung der positiven Effekte von Nordic Walking auf Körper und Geist.

Bewegungsapparat

- Verspannungen und Verkürzungen im Nacken-Schulter-Bereich werden gelöst.
- Rückenprobleme verbessern sich.
- Die seitliche Beweglichkeit von Nackenpartie und Wirbelsäule nimmt zu.
- Die Streck- und Beugemuskulatur des Unterarms, die hintere Schultermuskulatur sowie die Bauch-, Brust- und Rückenmuskulatur werden gestärkt.
- Die Haltung verbessert sich.
- Muskeln, Sehnen und Bänder werden gekräftigt.
- Die Bewegungssteuerung verbessert sich.
- Die Versorgung des Knorpelstoffwechsels und der Bandscheiben wird verbessert.
- Der Knochenstoffwechsel wird aktiviert.
- Der Gleichgewichtssinn verbessert sich.
- Osteoporose wird entgegengewirkt.
- Die Knie und die Gelenke werden geschont.
- Bei übergewichtigen Personen wird die Kniebelastung reduziert.

Stoffwechsel

- Die Blutfettwerte (Gesamtcholesterin und Triglyceride) werden gesenkt.
- Das gute HDL- Cholesterin wird erhöht.
- Das schlechte LDL-Cholesterin wird reduziert.
- Der Fettstoffwechsel wird verbessert.
- Der körperliche Grundumsatz wird gesteigert.

- Die Energieverwertung wird verbessert.
- Die Insulinempfindlichkeit wird auch bei Menschen mit Diabetes gesteigert.
- Typ-2-Diabetes wird vermieden oder verbessert.
- Die Blutzuckerwerte werden im gesunden Bereich stabilisiert.
- Erhöhte Harnsäurewerte verbessern sich.
- Gicht wird vermieden.
- Der kindliche Stoffwechsel wird zur Vermeidung oder Reduktion von Übergewicht aktiviert.
- Die Verdauung wird verbessert.
- Chronische Verstopfung (Obstipation) wird verbessert.

Herz-Kreislauf-System

- Bluthochdruck (Hypertonie) wird gesenkt.
- Zu niedriger Blutdruck (Hypotonie) wird stabilisiert.
- Die Herzleistung wird gesteigert.
- Der Ruhepuls im Normbereich wird gesenkt.
- Die Versorgung des Herzens wird verbessert.
- Die Herzkranzgefäße verdicken sich.
- Dank des erhöhten HDL-Cholesterins werden die Blutgefäße frei geputzt.
- Neue Gefäße werden vermehrt gebildet.
- Die Durchblutung und Sauerstoffversorgung aller Organe und des Gehirns wird verbessert.
- Die Elastizität der Gefäße wird verbessert und Krampfadern (Varizen) werden vermieden oder reduziert.

Immunsystem

- Die körperlichen Abwehrkräfte werden gestärkt.
- Die Infektanfälligkeit wird herabgesetzt.
- Das Brustkrebsrisiko wird gesenkt.
- Die Krebsrate, z. B. bei Darmkrebs, wird gesenkt.
- Die Belastbarkeit in Stresssituationen erhöht sich.
- Bei grippalen Infekten wird die Genesung beschleunigt.

Atmung

- Die Atmung wird vertieft und intensiviert.
- Die Sauerstoffaufnahme wird erhöht.
- Die Kurzatmigkeit wird verbessert.
- Die Belüftung der Lungen verbessert sich.
- Die Atemhilfsmuskulatur wird dank des Stockeinsatzes aktiviert.

Psyche

- Stress wird abgebaut.
- Der Umgang mit Stresssituationen verbessert sich.
- Die Stimmung verbessert sich.
- Depressionen, auch Winterdepressionen werden reduziert oder vermieden.
- Das Selbstwertgefühl steigt.
- Das körperliche Wohlbefinden wird gesteigert.
- Die Konzentrationsfähigkeit erhöht sich.
- Das Körperbewusstsein verbessert sich.
- Der Umgang mit dem eigenen Körper wird intensiviert.
- Der Kopf wird frei, die Gedanken werden klarer.
- Die individuelle Kreativität wird gesteigert.
- Körper und Geist werden – auch optisch – verjüngt.

Geeignet für

- Fitnessanfänger
- Wiedereinsteiger
- Senioren
- Kinder und Jugendliche
- Schwangere
- Menschen mit Diabetes
- Übergewichtige Personen
- Menschen mit orthopädischen Beschwerden
- Verletzte Sportler in der Rehaphase
- Menschen mit Herz-Kreislauferkrankungen

Grundlagen für den Erfolg

Die Ausrüstung

Ein paar Worte vorweg

Damit Sie von Anfang an Spaß und Freude an Ihrem Fitnesstraining haben, ist es ratsam, sich bereits im Vorfeld über die Ausrüstung Gedanken zu machen. Abgesehen von den vielen positiven gesundheitlichen Aspekten bietet Nordic Walking auch den Vorteil, dass sich Ihr Portmonee – im Gegensatz zu vielen anderen Sportarten – über die verhältnismäßig niedrigen Ausgaben freut. Sie müssen weder Mitglied in einem Verein oder Club werden, um nordisch walken zu können, noch bedarf es einer jährlichen Aktualisierung der kompletten Ausrüstung. Für das Nordic Walking sind zunächst zwei Dinge wichtig: passende Stöcke und bequeme Schuhe. Hat Sie die Lust am Nordic Walking gepackt und wird es ein fester Bestandteil Ihrer sportlichen Aktivitäten, ist es sinnvoll, wenn Sie sich neben den Stöcken und Schuhen auch die entsprechende Kleidung und ein paar Accessoires zulegen.

Die Stöcke – das Herzstück des Nordic Walking

Neben den passenden Schuhen sind die Nordic-Walking-Stöcke, auch „Poles“ genannt, das Herzstück eines gesunden Fitnesstrainings. Wander-, Langlauf- oder Skistöcke sind für das Training nicht geeignet. Nordic-Walking-Stöcke sind moderne, funktionale und dynamische Sportgeräte, die ein reibungsloses Training ermöglichen. Mit den Stöcken wird, bei korrektem Einsatz, eine Entlastung der unteren Extremitäten und der Wirbelsäule erreicht sowie gleichzeitig die Oberkörpermuskulatur gekräftigt. Nordic-Walking-Stöcke sind im guten Sportfachhandel zu Preisen von 40 bis 100 Euro erhältlich. Bevor Sie sich zum Kauf eines Stockpaares entscheiden, sollten Sie ein paar wichtige Dinge

zu Material und Einsatzmöglichkeiten der unterschiedlichen Modelle beachten.

Das Material: Carbon oder Aluminium

Für das Nordic Walking werden zwei Arten von Stöcken angeboten: Stöcke aus Carbon-Glasfaser-Mischungen und solche aus Aluminium. Carbonstöcke sind im Vergleich zu Aluminiumstöcken deutlich leichter, fester und von längerer Lebensdauer. Sie haben gute Stoßaufnahmeeigenschaften (Absorptionsfähigkeit), was die Ellenbogen-, Hand- und Schultergelenke entlastet. Dieser Aspekt ist besonders wichtig, wenn Sie häufig auf Asphalt oder unabhängig vom Untergrund mit großer Intensität trainieren. Das niedrige Gewicht und die optimale Gewichtsverteilung lässt sie bei der Armschwungphase nach vorn besser pendeln als Stöcke aus Aluminium. Wer in einem Verein oder einer Rehamaßnahme nordisch läuft und Stöcke zur Verfügung gestellt bekommt, wird meistens mit Aluminiumstöcken trainieren. Diese sind in ihrer Länge verstellbar und aus diesem Grund für mehrere Personen mit unterschiedlicher Körpergröße geeignet. Auch für Kinder in der Wachstumsphase sind die längenverstellbaren Teleskop-Wanderstöcke aus Aluminium ideal. Doch einen Nachteil haben diese Stöcke: Sie sind nicht so stabil wie Carbonstöcke und können leichter brechen. Für bestimmte Dehn- und Stretchübungen beispielsweise, die zum Aufwärmen oder Abkühlen praktiziert werden, sind feste, stabile Stöcke aus Carbon-Glasfaser-Mischungen sinnvoller. Bei Aluminiumstöcken können außerdem Schwingungen auftreten, die Hand-, Schulter- oder Ellenbogengelenke belasten, und sind, im Vergleich zu Carbonstöcken, auf Schotterwegen recht laut. Daher bieten verschiedene Hersteller mittlerweile Aluminiumstöcke mit Dämpfungssystem an. Ganz gleich für welches Material Sie sich beim Kauf entscheiden: Probieren Sie die Stöcke vorweg auf hartem Teer- boden aus. So können Sie feststellen, ob Erschütterungen spürbar sind. Je weniger Sie in den Gelenken spüren, desto besser eignet sich der jeweilige Stock für das Training.

Die passende Stocklänge

Damit Sie das Training richtig ausführen können, müssen die Stöcke individuell Ihrer Körpergröße angepasst werden. Die Stöcke sind von 100 bis 135 Zentimeter erhältlich. Um die für sie richtige Länge zu ermitteln, verwenden viele Nordic Walker folgende einfache Faustregel:

Formel zur Berechnung der Stocklänge

Körpergröße (in Zentimetern) x 0,7 = Stocklänge in Zentimetern

Beispiel: 170 cm x 0,7 = 119 cm Stocklänge

Doch nicht nur die Stocklänge entscheidet über das perfekte Training, auch Ihre Beinlänge spielt eine Rolle. Haben Sie eher kurze Beine und lange Arme, empfiehlt sich ein etwas kürzerer Stock.

Die meisten Nordic Walker kommen mit einer etwas kürzeren Stocklänge auf Anhieb sehr gut zurecht. Dies hängt von Armschwung und individueller Schrittlänge ab. Mit etwas kürzeren Stöcken haben Sie meist eine bessere Kontrolle, was Ihnen das Erlernen der Technik erleichtert. Probieren Sie es einfach aus! Ziehen Sie von Ihrer errechneten Stocklänge fünf Zentimeter ab. Wenn Sie sich statt zu rechnen lieber auf Ihr Gefühl verlassen, gibt es eine weitere Möglichkeit der Berechnung über den Ellbogenwinkel. Dazu stellen Sie sich aufrecht hin, halten den Stock am Griff fest und stellen ihn auf den Boden, sodass die Spitze den Boden berührt. Ist der Winkel zwischen Ober- und Unterarm dabei etwas größer als 90 Grad, ist die Stocklänge perfekt.

Griffe und Handschlaufen

Eine weitere Besonderheit der Stöcke sind die ergonomisch geformten Griffe und die speziellen Handschlaufen. Mit den

Stöcken stützt man sich nicht nur ab, wie es bei Wanderstöcken üblich ist, sondern holt Schwung und verteilt die Kräfte auf die Arm- und Rückenmuskulatur. Aus diesem Grund sind die Schlaufen von Wander- oder Skistöcken für das nordische Laufen nicht geeignet! Die Griffe der Nordic-Walking-Stöcke sind so konzipiert, dass die Handgelenke während des gesamten Bewegungsablaufs gelenkt und stabilisiert werden. Das verhindert ein unfunktionales Abknicken des Handgelenks. Die Handschlaufen befinden sich am oberen Ende des Griffes. Sie werden entsprechend der jeweiligen Handgröße mittels Klettverschlüssen an den Händen befestigt. So bieten sie der Hand Sicherheit und Festigkeit, wodurch ein Verkrampfen von Schulter-, Arm- oder Nackenmuskeln verhindert wird. Durch die ergonomischen Handschlaufen verlieren Sie den Stock selbst dann nicht, wenn Sie ihn in der hinteren Armposition loslassen. Achten Sie darauf, dass die äußere Handkante in der Schlaufe aufliegt. Bei guten Stöcken kann das Handschlaufensystem bei Bedarf problemlos ausgetauscht werden.

Die Stockspitze

Ein weiterer wichtiger Teil des Nordic-Walking-Stockes ist die Stockspitze. Einfache Stöcke haben eine Aluminiumspitze, die sich schnell abnutzt. Hochwertige Stockspitzen aus gehärtetem Stahl sind dagegen extrem widerstandsfähig und langlebig. Bei einem Nordic-Walking-Training gibt es für die Stöcke zwei Einsatzgebiete – Asphalt und unbefestigten Boden. Für Waldwege eignen sich Stöcke mit Stahlspitzen. Sie bieten Halt auf weichem Untergrund. Laufen Sie gerne auf Asphalt, empfiehlt sich der Einsatz von speziell für den Asphalt konzipierten Gummipads. Diese Pads dämpfen den Aufprall der Stockspitzen auf dem harten Asphalt ab und verbessern den Halt. Walken Sie ohne diese Gummidämpfer, überträgt sich die harte Erschütterung ungedämpft auf Ihre Gelenke. Gummipads werden entweder direkt im Set mit Stöcken oder einzeln im Sportfachhandel angeboten. Achten

Sie darauf, dass die Pads fest auf den Stockspitzen sitzen, damit sie nicht verloren gehen und Ihnen die bestmögliche Dämpfung bieten. Wenn Sie Ihr Weg sowohl über Asphalt als auch über weiche Böden führt, entfernen Sie nach dem Asphaltweg einfach die Gummipads von den Stöcken, um auch auf weichem Boden den richtigen Halt zu bekommen.

Tipps zur Stockauswahl

Haben Sie sich für ein regelmäßiges Laufen entschieden, sollten Sie sich qualitativ hochwertige Stöcke anschaffen. Bewährt haben sich Stöcke aus einem Carbon-Glasfaser-Gemisch und einer hochwertigen, festen Stahlspitze. Ob Sie sich für einen Nordic-Walking-Teleskopstock oder einen Stock mit festem Schaft entscheiden, hängt von Ihrem individuellen Einsatzbereich ab.

Wichtig: passende Schuhe

Neben der Auswahl hochwertiger Nordic-Walking-Stöcke sind gut sitzende Schuhe unabdingbar. Passende Modelle werden im Sportfachhandel ab 100 Euro angeboten. Besitzen Sie bereits ein Paar Ihren Bedürfnissen entsprechende Lauf- oder Trekkingschuhe, können Sie diese auch zum Nordic Walking verwenden. Unbrauchbar sind jedoch herkömmliche Straßenschuhe, auch wenn Sie diese als bequem empfinden. In einer Stunde Nordic Walking legen Sie ca. 6.000 Schritte zurück. Jeder dieser Schritte wird vom Körper mit einer Belastung des ein- bis 1,5fachen Körpergewichts abgefangen. Dies summiert sich innerhalb einer Stunde auf eine Belastung von ca. zwölf bis 34 Tonnen. Daran können Sie erkennen, dass ein normaler Spaziergang oder auch ein Stadtbummel weitaus geringere Anforderungen an einen Schuh stellt als ein Nordic-Walking-Training. Nehmen Sie sich zum Schuhkauf Zeit und Ruhe. Die beste Tageszeit zum Kauf sind der Nachmittag und die frühen Abendstunden. Zu dieser Zeit sind Ihre Füße bereits lange in Bewegung und haben sich entsprechend ausgedehnt. Achten Sie auf ein gutes Profil, eine optimale Führung, eine Grundstabilität sowie auf eine ausreichende Fersendämpfung. Der Schuh sollte auch genügend breit, lang und hoch sein und über eine ausreichende Zehenfreiheit (etwa Fingerbreite) verfügen. Ob Gelkissen, Luftkissen oder Schaumstoffe, ob Dämpfung vorn oder hinten – jeder Hersteller verfolgt eigene Konzepte, um seine Kunden vor schädigenden Stoßbelastungen zu schützen. Bedenken Sie jedoch, dass eine zu starke Dämpfung nachteilig sein kann. Denn durch einen „gedämpften" Kontakt zum Boden kann möglicherweise die „Rückmeldung" über die Bodenbeschaffenheit verhindert werden. Dies hat zur Folge, dass sich Ihr Körper auf den Abrollvorgang der Füße nur eingeschränkt einstellen kann.

Darauf sollten Sie bei Schuhen achten

Um mit Spaß und Freude trainieren zu können, sollten Sie beim Kauf Ihrer Nordic-Walking-Schuhe ein paar Dinge beachten. Damit die Belastungen beim Walken sanft abgepuffert werden, sollten die Schuhe über eine gute Dämpfung verfügen. Im Fersenbereich sorgen eingearbeitete Dämpfungselemente für einen maximalen Komfort und eine perfekte Dämpfung verbunden mit einer minimalen Belastung. Doch allzu weich sollte der Schuh auch nicht sein. Denn ist er zu weich und zu stark gedämpft, kann er den exakten Abrollvorgang behindern. Falls Sie jedoch übergewichtig sind, ist ein Schuh mit einer etwas stärkeren Dämpfung gelenkschonender und damit sinnvoller. Ein Kriterium für die richtige Schuhwahl ist auch, ob Sie eher nach außen oder nach innen auftreten. Neigen Sie zur Pronation (Einwärtsknicken des Fußes, wobei die Innenseite der Ferse stärker abgelaufen ist als die Außenseite), brauchen Sie keinen Schuh, der zusätzliche Stützelemente enthält. Diese Modelle würden das natürliche

Es muss nicht immer das neueste Modelldesign sein. Gute Schuhe, die über eine ausreichende Dämpfung verfügen und auch ansonsten alle Merkmale aufweisen, die für Ihre Füße wichtig sind, werden häufig aus der Vorsaison zu günstigen Preisen angeboten.

Dämpfungsverhalten des Fußes negativ beeinflussen, was eine Überbelastung zur Folge hat. Neigen Sie eher zum verstärkten Ablaufen der Ferse an der Außenseite (Außenabrollen), spricht man von einer so genannten Supination. In diesem Fall sind eine ausgeprägte Fersenstütze und ein gut gedämpfter Schuh erforderlich. In guten Sportgeschäften wird eine Lauf- und Fußanalyse durchgeführt: Während Sie auf einem

Checkliste: Tipps zum Schuhkauf

- Nehmen Sie sich zum Schuhkauf ausreichend Zeit.
- Ideal ist der Kauf am Nachmittag oder in den frühen Abendstunden, denn zu diesem Zeitpunkt sind Ihre Füße bereits ausgedehnt.
- Nehmen Sie Ihre alten Sportschuhe mit. An diesen Schuhen kann der Verkäufer erkennen, ob Sie Fußprobleme haben.
- Falls Sie Einlagen tragen, sollten Sie diese dabeihaben und in den Schuhen testen.
- Walkingschuhe können ein bis zwei Nummern größer sein als Ihre normale Schuhgröße. Damit hat der Fuß genug Platz im Schuh, was ihn vor Blasen und Druckstellen schützt.
- Faustregel für die Schuhgröße: Es sollte immer einen Fingerbreit Platz zwischen großem Zeh und Schuhkappe sein.
- Gehen Sie im Geschäft über eine längere Zeit hinweg auf und ab, so spüren Sie, ob der Schuh passt.
- Fragen Sie nach einer Laufbandanalyse.
- Achten Sie auf eine griffige Sohle, denn sie gibt beim Walken Halt und Stabilität.
- Richtig sind Modelle, die für das Training im Freien geeignet sind. Damit bleiben Ihre Füße warm und trocken.
- Nicht immer sind die teuersten Modelle die besten. Probieren Sie verschiedene Modelle aus.
- Nach spätestens 1.000 gewalkten Kilometern ist ein neues Paar Schuhe ratsam. Wenn Sie übergewichtig sind, ist ein Schuhkauf nach 500 bis 800 gewalkten Kilometern zu empfehlen.
- Wenn Sie sich ein Ersatzpaar Schuhe zulegen möchten, wählen Sie ein anderes, Ihren Füßen entsprechendes Modell aus. So gewöhnt sich Ihr Fuß nicht an eine bestimmte Form und bleibt flexibel.

Laufband laufen, filmt eine Videokamera Ihren Laufstil. Anhand dieser Aufzeichnung kann der Verkäufer analysieren, wo mögliche Fußprobleme liegen. Insbesondere kann anhand der Zeitlupe das Abrollverhalten Ihres Fußes erkannt und Ihnen ein für Sie geeignetes Schuhmodell empfohlen werden.

Passende Kleidung für jedes Wetter

Wenn Sie sicher sind, dass Nordic Walking Ihre bevorzugte Sportart wird, ist die Anschaffung funktionaler Sportbekleidung sinnvoll. Nordisch laufen können Sie das ganze Jahr. Dabei spielt es keine Rolle, ob es schneit, regnet oder ob die Sonne scheint. Denn es gibt kein schlechtes Wetter, sondern nur falsche Kleidung. Deshalb sollten Sie Ihre Kleidung den entsprechenden Jahreszeiten und Wetterbedingungen anpassen. Mittlerweile bieten verschiedene Hersteller entsprechende Nordic-Walking-Bekleidungen an. Doch auch herkömmliche Sportbekleidung für den Outdoorbereich eignet sich bestens zum Nordic Walking. Auch hier

können Sie das ein oder andere Modell aus der Vorsaison zu einem günstigen Preis kaufen. So natürlich Baumwollkleidung auch sein mag, für das Fitnesstraining sind T-Shirts und Hosen aus diesem Material nicht geeignet. Empfehlenswert sind Jacken, Hosen, T-Shirts, Socken und auch Unterwäsche aus speziellen synthetischen Materialien wie Lycra, Drylete, Coolmax oder Microfleece. Sie leiten den Schweiß vom Körper nach außen ab und halten die Haut trocken.

Kleidung aus Baumwolle speichert bis zu 20-mal mehr Feuchtigkeit als funktionale Sportkleidung. Baumwolle wird nass und schwer, klebt am Körper und kann keinen Schweiß mehr aufnehmen. In solch einer durchnässten Kleidung können Sie sich schnell eine Erkältung zuziehen.

Kleiden nach dem Zwiebelprinzip

Da funktionelle, atmungsaktive Sportbekleidung sehr leicht ist, sollten Sie sich immer nach dem Zwiebelprinzip anziehen. Denn selbst wenn Sie geeignete Sportkleidung tragen, können Sie sich, wenn Sie zu dünn angezogen sind, erkälten. Beginnen Sie mit Sportsocken und Sportunterwäsche in Ihrer Konfektionsgröße (Slip, BH, Sportunterhemd). Diese Kleidungsstücke haben besonders flache Nähte, die weder scheuern noch einschneiden. Darüber genügt im Sommer ein Sportshirt und eine Weste aus atmungsaktivem Material. Bei kühleren Temperaturen sowie in den Morgen- oder Abendstunden können auch eine atmungsaktive Jacke und eventuell ein Langarmshirt nützlich sein. In der Übergangszeit eignen sich auch

Funktionswesten sehr gut. Auch Ihre Walkinghose sollte aus atmungsaktiven Materialien bestehen, denn diese saugen den Schweiß optimal auf, sodass Ihre Haut trocken bleibt. Wird es Ihnen während des Walkens wärmer, können Sie die Jacke oder die Weste ablegen und bei Bedarf sofort wieder anziehen. Damit Sie im Sommer bestens ausgerüstet sind, ist auch eine leichte Sportsonnenbrille, ein Laufgürtel mit Wasserflasche sowie eine Kappe empfehlenswert. Die Sonnenbrille schützt Sie nicht nur vor schädlichen UV-Strahlen, sondern auch vor lästigen Insekten. Die Kappe schützt Sie vor direkter Sonneneinstrahlung und kann zudem einen Sonnenbrand auf dem Kopf verhindern.

Winterkleidung

Nachdem es sich beim Nordic Walking um eine Ganzjahressportart handelt, sollten Sie auch für trübe Regentage bestens ausgerüstet sein. Wenn Sie im Regen walken, sind dicke Regenjacken ungeeignet. Sie halten zwar trocken, transportieren jedoch keine Flüssigkeit nach außen. Für nasses

Wetter sind Jacken aus Goretex oder Sympathex empfehlenswert. Sie sind wasserdicht und transportieren zumindest einen Teil der Flüssigkeit nach außen. Ihre Oberteile sollten mäßig eng anliegend geschnitten sein. So schützen Sie Nieren und Rücken vor Temperaturschwankungen. Achten Sie jedoch darauf, dass Sie im Arm- und Schulterbereich ausreichend Bewegungsfreiheit haben. Denken Sie auch an Ihren Kopf und die Hände. Zwei Drittel der Körperwärme gehen über Kopf und Haare verloren. Ein kalter Kopf und schweißnasse Haare können schnell zu einer Erkältung oder Stirnhöhlenentzündung führen. Auch für die

Checkliste: Das gehört zur Winterausrüstung

- Stirnband, z. B. aus Microfleece.
- Wetterfeste Mütze, z. B. aus Microfleece.
- Wetterfeste Sporthandschuhe, z. B. Langlauf- oder Walkinghandschuhe.
- Gebogene Hartmetallspitzen an den Stöcken sorgen für einen optimalen Halt auf Eis und rutschigem Untergrund.
- Gleitschutz-Fersenspikes an den Schuhen sorgen ebenfalls für ein Optimum an Sicherheit im Winter. Sie können schnell und einfach an- bzw. ausgezogen werden.
- Stirnlampe oder Taschenlampe, falls Nordic Walking in den Abendstunden betrieben wird.

Hände ist es wichtig, dass sie während des Walkens warm und trocken gehalten werden. Ansonsten besteht die Gefahr, dass die Durchblutung beeinträchtigt wird, was zu einer Erkältung führen kann.

Die wichtigsten Trainingsgrundlagen

Bevor es losgeht

Auch für das Nordic Walking sind, bevor es losgeht, ein paar Dinge zu beachten. Denn wer sich eine falsche Haltung oder eine unausgewogene Belastung der Beine antrainiert hat, kann diese häufig nur sehr schwer wieder korrigieren und verändern. Als Folge können unnötige Beschwerden auftreten. Bevor mit einem Nordic-Walking-Training begonnen wird, kann es sinnvoll sein, zunächst „normal" zu walken. Denn mit Atmung, Bein- und Armkoordination werden Sie zu Beginn schon ausreichend beschäftigt sein. Sie können aber natürlich auch sofort mit dem Nordic Walking beginnen. Die Schultern sollten locker und entspannt sein, während Oberkörper und Hüfte harmonisch schwingen und die Füße gerade nach vorn zeigen. Die Bewegungsausführung erfolgt diagonal, ähnlich der Folge beim Skilanglauf. Die Stöcke werden nah am Körper gehalten und setzen jeweils mit der gegenüberliegenden Ferse auf. Die Hände sind leicht, bei der Streckung nach hinten sogar ganz geöffnet und greifen nur beim Aufsetzen des Stockes kurz zu. Ein fester Abdruck mit den Zehen und ein Bewegen der Hüfte nach vorn geben Schwung. Am Ende der Abfolge wird der Stock diagonal zurückgeführt. Grundsätzlich sind durch ein wechselndes Tempo oder eine unterschiedliche Intensität des Stockeinsatzes zahlreiche Varianten des nordischen Laufens möglich. Ob als modernes Intervalltraining, Walking oder Jogging, je nach Kondition, Lust und Laune. Die Stöcke bieten bergauf einen zusätzlichen Antrieb und bergab eine Entlastung. Aufgrund ihrer Beschaffenheit haben sie Sicherheitsreserven für jede vertikale Belastung und können auch zu Sprüngen eingesetzt werden. Am wirkungsvollsten ist Nordic Walking in einem leicht hügeli-

gen Gelände. Doch zu Beginn ist eine ebene Strecke am besten geeignet, um die Technik des Walkens und den richtigen Einsatz der Stöcke zu üben und zu perfektionieren.

Sinnvoller Anfang

Nordic Walking ist auf dem besten Wege, zu einer der beliebtesten Breitensportarten zu werden. Gute Laufschuhe, ein Paar Stöcke und der Witterung entsprechende Kleidung genügen, um loslegen zu können. Außerdem ist Nordic Walking eine Sportart, die, richtig ausgeübt, sehr selten zu Sportverletzungen führt. Wenn Sie Ihr Training vorausschauend planen und typische Technikfehler vermeiden, können Sie diesen Sport ein Leben lang mit Spaß und ohne Risiko betreiben. Verletzungen sind insbesondere zu Beginn häufig durch die eigene Unvernunft, Unkonzentriertheit und durch falschen Ehrgeiz bedingt. Deshalb sollten Sie den Umfang und die Intensität Ihres Trainings nicht abrupt steigern. Ihr Körper braucht etwas Zeit, um sich an das neue Belastungsniveau zu gewöhnen. Haben Sie also jahrelang keinen Sport getrieben, sollten Sie nach drei Wochen keine unmöglichen Wunder erwarten. Gehen Sie freundlich mit sich um und stellen Sie sich nicht unter Leistungsdruck. Dann bleiben Sie auch langfristig mit Spaß und Freude dabei. Nach jedem intensiven Training braucht der Körper erst einmal eine Verschnaufpause. Versuchen Sie ein Gefühl für Ihren Körper zu entwickeln. So können Sie rechtzeitig auf Alarmsignale reagieren und langwierige Überlastungsschäden, wie Verspannungen oder Schmerzen an der Achillessehne, verhindern. Besonders gefährdet sind Einsteiger und Übergewichtige, denn sie trainieren meist zu häufig und zu intensiv. Bedenken Sie: Je härter Sie von Anfang an trainieren, desto stärker belasten Sie Ihren Bewegungsapparat.

Richtiger Untergrund

Fehlbelastungen können aber auch durch den Untergrund, auf dem Sie walken, verursacht werden. Das ständige Walken auf Pfaden über Stock und Stein, durch lockeren Sand oder tiefen Schnee birgt Risiken. Durch den unebenen Unter-

grund riskieren Sie Gelenkprobleme oder sogar Verletzungen der Achillessehne. Ab und zu können und sollten Sie jedoch auf unebenen Böden walken, denn hierdurch wird Ihr Nervensystem angeregt, noch mehr Muskeln zu aktivieren. Außerdem werden Sie, um das Gleichgewicht halten zu können, in unebenem Gelände wahrscheinlich etwas langsamer walken. Dadurch lernen Ihre Bänder, Sehnen und Muskeln harmonisch miteinander zu arbeiten. Dies ist sicher der beste Gelenkschutz, den man sich vorstellen kann. Aus orthopädischer Sicht sind jedoch ebene feste Naturböden und Asphalt für den Einstieg in das Nordic Walking am besten geeignet.

Jetzt geht es los!

Nun ist es so weit: Sie können Ihre ersten Gehversuche mit den Stöcken machen. Doch bevor Sie starten, sollten Sie ein kleines Aufwärm- und Stretchingprogramm absolvieren. Dies wärmt nicht nur Ihre Muskeln auf und verhindert dadurch Sportverletzungen, sondern erleichtert Ihnen auch den Weg zu Ihrem persönlichen Laufrhythmus. Anschließend walken Sie langsam los. Sobald Sie nach wenigen Schritten im Tritt sind, spüren Sie bestimmt das echte Nordic-Walking-Feeling.

Vier Technikschritte fürs Nordic Walking

Schritt 1: Legen Sie zunächst die Handschlaufen Ihrer Stöcke an. Die Schlaufen sind mit einem L für die linke und einem R für die rechte Hand gekennzeichnet. Sie müssen die Stöcke noch gar nicht festhalten, walken Sie einfach unverkrampft und locker los, als hätten Sie gar keine Stöcke in den Händen. Die Arme hängen ganz locker an der Körperseite herunter, während die Füße zuerst mit der Ferse aufgesetzt und dann mit der ganzen Fußsohle abgerollt werden. Die Körperhaltung ist aufrecht, im Schulterbereich bewusst locker, und die Arme schwingen ganz natürlich vor und zurück.

Schritt 2: Nach etwa fünf Minuten können Sie das Tempo bei gleich bleibender Schrittgröße erhöhen. Rollen Sie den Fuß von der Ferse bis zum Ballen ab, während Sie den Körper leicht nach vorn beugen. Konzentrieren Sie sich jetzt auf die Handschlaufen. Sobald Sie den Arm mit Schwung nach vorn führen und mit der Stockspitze Bodenkontakt spüren, ballen Sie die Hände zur Faust, geben Druck auf die Handschlaufe und schwingen den Arm etwas stärker nach hinten durch. Die Faust reicht dabei bis zu Ihrem Gesäß. Beim Ausschwingen des Arms öffnen Sie bewusst die Hand. Dieses Wechselspiel zwischen Druck-Geben und bewusstem Loslassen kann zunächst etwas gewöhnungsbedürftig sein. Aber mit ein wenig Übung klappt es sicher recht schnell.

Schritt 3: Nun sollte die richtige Armführung trainiert werden. Gleichzeitig mit dem Aufsetzen des linken Fußes stechen Sie den Stock an der rechten Hand bewusst in den Boden ein. Jetzt geben Sie Druck auf die Handschlaufe und den Griff des Stockes. Dann lassen Sie den Stock mit langem Arm locker nach hinten ausschwingen. Wenn Sie diesen Bewegungsablauf erst einmal in Zeitlupe ausführen, wird Ihnen die Reihenfolge besser und schneller klar. Wichtig ist, dass Sie immer diagonale und nicht parallele Arm- und Beinbewegungen ausführen.

Schritt 4: Sie können nun die Bewegungsabläufe in unterschiedlichen Walking-Geschwindigkeiten trainieren. Wichtig ist, dass Sie immer zu der Geschwindigkeit zurückfinden, bei der Sie den korrekten Einsatz der Stöcke, Ihren Armschwung sowie das richtige Abrollverhalten der Füße optimal umsetzen können.

Achtung: Halten Sie sich nicht krampfhaft an den Stöcken fest. Verlassen Sie sich nur auf Ihren sicheren Schritt und Ihren festen Stand, nicht auf die Stöcke. Gewöhnen Sie sich das Abstützen an den Stöcken an, laufen Sie Gefahr, sich schnell ein falsches Gangmuster anzueignen. Nicht zuletzt kann dies auch eine Überbelastung der Schulter- und Nackenmuskulatur zur Folge haben.

Bergauf mit Nordic Walking

- Lehnen Sie den Oberkörper etwas stärker nach vorn.
- Ziehen Sie sich mit den Stöcken aufwärts.
- Versuchen Sie durch den hinteren, kräftigen Fußabdruck Ihre Schrittlänge beizubehalten.

Bergab mit Nordic Walking

- Verkürzen Sie Ihre Schrittlänge.
- Ihre Knie sind ständig und auch etwas stärker als auf ebener Strecke gebeugt.
- Beim Walken bergab wird das hintere Bein nicht gestreckt.
- Die Beine sind leicht außenrotiert („Charlie-Chaplin-Gang") und die Knie zeigen in Richtung der Fußspitzen.
- Die Stockspitzen werden neben oder auch hinter dem Körper aufgesetzt. So stützen Sie Ihren Körper mithilfe der Stöcke und Ihrer Oberschenkelmuskulatur.
- Bergab prallen Sie bei jedem Ihrer Schritte mit einem Vielfachen Ihres Körpergewichts auf den Boden. Um dies zu verhindern, können Sie die Stöcke als Stütze verwenden. Ihr Oberkörper lehnt dabei leicht nach hinten.

Checkliste: Technikgrundlagen auf einen Blick

- Vor dem Training: aufwärmen und stretchen.
- Vor dem Training die Stöcke mit den Schlaufen an der richtigen Hand befestigen.
- Die Stöcke unverkrampft und locker neben sich herziehen.
- Die Füße zuerst mit der Ferse aufsetzen und dann über die Fußsohle abrollen.
- Wichtig ist eine lockere und aufrechte Körperhaltung.
- Den Arm nach vorn führen.
- Sobald die Stockspitze den Boden berührt, Hände um den Griff zur Faust schließen.
- Druck auf die Handschlaufe geben, den Arm stärker nach hinten ausschwingen und die Hand wieder öffnen.
- Zwischendurch einen Kontrollblick auf Arme und Beine werfen.
- Das Wechselspiel von Druck-Geben und bewusstem Loslassen wiederholen.
- Diagonal arbeiten: linker Fuß setzt auf, rechter Arm sticht den Stock bewusst in den Boden.
- Für Anfänger empfiehlt sich der Ablauf zuerst in Zeitlupe.
- Schrittgröße und Tempo nach Gefühl erhöhen.
- Den persönlichen Rhythmus beibehalten.
- Nach dem Training: stretchen und dehnen.

Technikfehler beim Nordic Walking

Wenn sich Fehler einschleichen

Bevor Sie mit Nordic Walking beginnen, sollten Sie sich zunächst über Technik, Ausrüstung und Trainingsprogramme informieren. Denn Fehler, die sich von Anfang an einschleichen, sind sehr schwer wieder auszumerzen. Häufig können Technikfehler zu Fehlbelastungen von Armen, Beinen, Schultern oder Rücken führen. Dies kann nicht nur unangenehme Beschwerden zur Folge haben, sondern verleidet Ihnen auch den Spaß am Nordic Walking. Hilfreich ist es, wenn Sie sich mit dieser Sportart in Theorie und Praxis vertraut machen. Für Sportneulinge bietet sich ein Nordic-Walking-Kurs für Anfänger an. Hier lernen Sie Ihre theoretischen Grundlagen in die Praxis umzusetzen. Sie haben die Gewissheit, eine regelmäßige Nordic-Walking-Verabredung zu haben, und lernen Schritt für Schritt, wie Sie richtig trainieren. Außerdem kann Ihnen ein Trainer bei der Beseitigung von Fehlerquellen helfen. Falls Sie es vorziehen, keinen Kurs zu belegen, kann Ihnen auch ein Partner wertvolle Dienste leisten. Er kann Ihnen helfen, auf die richtige Technik zu achten. Falls Sie feststellen, dass sich Technikfehler eingeschlichen haben, erhalten Sie in der folgenden Übersicht hilfreiche Tipps.

Übersicht: häufige Technikfehler

Fehler: Passgang (Arm und Bein einer Körperseite werden gleichzeitig und nicht diagonal nach vorn und hinten geführt.)
Auswirkung: Unharmonischer Bewegungsablauf
Korrekturmöglichkeit: Arme mit geöffneten Händen beim Gehen mitpendeln lassen und zunehmend Stöcke einsetzen.
Übung: Kniehebelauf (Rechter Ellbogen berührt während des Gehens das linke Knie.)

Fehler: Zu kleine Schritte
Auswirkung: Unzureichender Armeinsatz mit zu geringer Dynamik
Korrekturmöglichkeit: Kontrastlernen (Abwechselnd kurze und lange Schritte mit kräftigem Fußabdruck walken.)

Fehler: Aufrechter Oberkörper
Auswirkung: Zu geringer Einsatz der Oberkörpermuskulatur
Korrekturmöglichkeit: Kontrastlernen (Abwechselnd mit aufrechtem und nach vorn geneigtem Oberkörper walken.)

Fehler:	Verkrampfte Haltung der Stöcke
Auswirkung:	Verspannte Muskulatur im Unterarm-, Handgelenk- und Ellbogenbereich
Korrekturmöglichkeit:	Hände geöffnet lassen und über die Schlaufe Druck ausüben. Bewusst lockeres Vorschwingen der Arme.

Fehler:	Fehlender Schub hinter die Hüfte
Auswirkung:	Wenig Vortrieb und dadurch verstärkte Beinarbeit
Korrekturmöglichkeit:	Walking mit beiden Stöcken und bewusstes Nachdrücken bis hinter die Hüfte.

Fehler:	Armarbeit aus dem Ellbogen
Auswirkung:	Nur die Armmuskulatur arbeitet. Keine Beteiligung der Rumpfmuskulatur.
Korrekturmöglichkeit:	Walking mit beiden Stöcken (Doppelstockeinsatz). Der ganze Arm schwingt aus dem Schultergelenk nach vorn.

Fehler:	Stockeinsatz vor dem Körper (Die Stöcke zeigen nicht schräg nach hinten.)
Auswirkung:	Zu Beginn der Zugphase ist keine Kraftentfaltung des Arms möglich. Der Stock kann leicht vor dem Körper aufkommen, und das kann zu einem Stolpern führen.
Korrekturmöglichkeit:	Hände locker und geöffnet halten. Beim Vorschwingen die Stockspitzen über den Boden schleifen lassen. Von Beginn der Zugphase an kräftiger Armeinsatz nach hinten und dabei Druck auf die Schlaufe ausüben.

Vor und nach dem Training: stretchen und dehnen

Warm-up, dehnen, stretchen und Cool-down

Wie bei vielen anderen Sportarten sollte auch beim Nordic Walking die eigentliche Trainingseinheit durch Dehnungs- und Kräftigungsübungen ergänzt werden. Die meisten Menschen dehnen ihre Muskeln viel zu selten. Dies hat zur Folge, dass sich die Muskeln automatisch verkürzen und der reibungslose Ablauf der Bewegungen zunehmend eingeschränkt wird. Durch sanfte Dehn- und Lockerungsübungen hingegen werden die Muskeln geschmeidig und elastisch. Die Muskulatur und das darum liegende Gewebe werden besser durchblutet und mit Sauerstoff versorgt. Wenn Sie öfter unter Verspannungen leiden, werden Sie feststellen, dass sich diese manchmal fast wie von allein lösen. Der Bewegungsradius Ihrer Gelenke vergrößert sich und

Ihre Beweglichkeit nimmt zu. Deshalb sollte vor und nach Ihrem Nordic-Walking-Training das Dehnen und Stretchen zur Pflichtkür werden. Die Muskeln werden durch diese Übungen in die natürliche Grundspannung versetzt. Das Dehnen vor dem Training hilft Ihnen, sich auf Ihren Körper zu konzentrieren und sich auf die bevorstehende Belastung einzustimmen. Das Dehnen und Lockern nach dem Training unterstützt die Regeneration des Körpers und die Umstellung von Leistungsbereitschaft zu Erholung geht schneller. Treten beim Training Muskelverspannungen auf, können Sie diese im Anschluss an das Training durch ein gezieltes Dehnen lösen. Außerdem gelangen die verbrauchten Stoffwechselendprodukte aus den Muskeln schneller in den Blutkreislauf und damit zum Abtransport.

Dehnen und stretchen

Oft werden Dehnen und Stretchen für ein und dieselbe Übungsform gehalten. Dies ist jedoch nicht ganz richtig: Das Stretching ist sozusagen eine der zahlreichen Techniken des Dehnens. Es ist zugleich die bekannteste und wohl unkomplizierteste Variante. Durch das Stretchen erhalten Sie vor allem die Beweglichkeit Ihrer Gelenke. Gleichzeitig geben Sie Ihren Gelenken und den daran befindlichen Muskeln die Information, dass sie noch beweglich sind. Dies wirkt sich nicht zuletzt auch auf Ihre Leistungsfähigkeit aus. Neben dem Stretching gibt es eine zweite, oft angewandte Variante des Dehnens. Diese Form ist das intermittierende (bewegte) Dehnen. Nach dem Nordic-Walking-Training bietet sich diese Technik hervorragend zur Unterstützung der Regeneration des Körpers an.

Gehaltenes und bewegtes Dehnen

Es gibt also viele verschiedene Dehntechniken. Einige sind besonders einfach, andere wiederum etwas schwieriger. Jede dieser Techniken hat natürlich auch ihre Vor- und Nachteile. Das gehaltene Dehnen ist eine sehr einfache und effiziente Variante. Dabei wird der zu dehnende Muskel zuerst in seiner Ruhelänge etwa zwei bis drei Sekunden angespannt. Anschließend wird unverzüglich die Dehnstellung eingenommen. In dieser Stellung wird der Muskel etwa zehn Sekunden gehalten. Im Anschluss sollte für 20 Sekunden eine Pause eingelegt werden, bevor der Vorgang drei- bis fünfmal wiederholt wird. Nicht zu empfehlen ist diese Methode jedoch für Kinder und ältere Menschen mit Bluthochdruck, da sich bei dieser Form des Dehnens die Blutgefäße verengen und der Blutfluss reduziert wird. Im Vergleich zum bewegten (intermittierenden) Dehnen können die Stoffwechselendprodukte nicht so schnell abtransportiert werden. Wollen Sie also eine Dehntechnik zur Regeneration nach dem Training einsetzen, sollten Sie sich für das bewegte Dehnen entscheiden. Hier hilft der so genannte Pumpeffekt, den Blutstrom am Laufen zu halten. Probieren Sie einfach beide Dehnvarianten aus und entscheiden Sie sich für diejenige, bei der Sie sich am wohlsten fühlen. Abhängig ist diese Entscheidung natürlich auch von dem von Ihnen für Ihr Nordic-Walking-Training gesetzten Ziel. Wollen Sie bei Ihrem Training die Technik des Sprunglaufs einsetzen, dann sollten Sie auf ein umfangreiches Vordehnen verzichten. Für den Sprunglauf benötigen Sie eine gewisse Explosivität, die durch ein ausgedehntes Stretching verloren geht. Eines ist jedoch sehr wichtig: In keinem Fall sollten Sie vor dem Training auf das Aufwärmprogramm verzichten!

Warm-up und Cool-down

Bevor Sie mit dem Nordic Walking beginnen, sollten Sie sich mit einem kleinen Aufwärmprogramm darauf vorbereiten. Dafür sind ein paar Minuten lockeres Einlaufen und Gymnastik sehr gut geeignet. Oder tippeln (leichtes Laufen) Sie einfach ein paar Minuten auf der Stelle. Jedes Training kann nur so gut sein, wie Sie es vor- und nachbereiten. Haben Sie also Ihre Muskeln erst einmal ausreichend erwärmt und den Stoffwechsel langsam angekurbelt, freuen Sie sich auf ein paar Dehn- und Lockerungsübungen (Stretching). Denn zu Beginn ist Ihre Muskulatur weniger durchblutet und noch etwas steif. Sie wäre bei einer sofortigen hohen Belastung sehr anfällig für Verletzungen. Wenn Sie Ihre Trainingseinheit beendet haben, sollten Sie Ihren Muskeln etwas Zeit geben, sich von der Belastung zu erholen. Das funktioniert am besten, wenn Sie im Anschluss noch ein wenig langsam und locker auslaufen. Zum Schluss freuen sich Ihre Muskeln ganz besonders auf das Stretching. Speziell beim Nordic Stretching werden gezielt verspannte Muskeln gedehnt. So können Sie Verspannungen vorbeugen und Verhärtungen verhindern. Für die Atmung gilt das Gleiche wie beim Laufen: Lassen Sie ihr einfach freien Lauf und atmen Sie so, wie es für Sie am angenehmsten ist. Sie sollten sich während des Walkens ohne Probleme unterhalten und die Natur genießen können.

Übungen zur Dehnung

Für die Waden

Halten Sie sich an den Stöcken fest. Stellen Sie das rechte Bein weit zurück und drücken Sie Ihre Ferse langsam zum Boden. Dabei zeigen beide Füße gerade nach vorn und das rechte Knie ist gestreckt. Das linke Bein sollte leicht gebeugt sein. Ziehen Sie jetzt die Zehen Ihres rechten Fußes nach oben zur Schuhspitze und halten Sie die Spannung für etwa zehn Sekunden. Wechseln Sie anschließend die Seiten. Wiederholen Sie jede Seite mindestens zwei- bis dreimal.

Für die Oberschenkel vorn

Stellen Sie sich auf den linken Fuß. Umfassen Sie Ihren rechten Fuß und ziehen Sie ihn sanft in Richtung Po. Dabei

zeigt Ihr rechtes Knie senkrecht zu Boden. Schieben Sie Ihre Hüfte leicht nach vorn und spannen Sie Ihre Gesäßmuskeln an. Wechseln Sie anschließend die Seite. Diese Übung wird wesentlich einfacher, wenn Sie mit Ihren Stöcken trainieren. In diesem Fall hält die Hand, die nicht den Fuß in Richtung Po zieht, den Stock. So können Sie besser die Balance halten. Dies ist besonders für Anfänger oder Menschen mit Gleichgewichtsproblemen empfehlenswert.

Für den Po

Bei dieser Übung können Sie schnell die Balance verlieren. Verwenden Sie deshalb besser immer die Stöcke. Verankern Sie beide Stöcke fest neben sich im Boden. Halten Sie sich nun an den Stöcken fest und legen Sie Ihren rechten Fuß auf den linken Oberschenkel. Dabei ist Ihr linkes Knie leicht gebeugt und Ihr Rücken ist gerade. Jetzt schieben Sie Ihren Po weit nach rechts hinten. Spüren Sie die Dehnung in der Außenseite Ih-

rer Hüfte und in Ihrem Po? Wiederholen Sie diese Übung auch mit der anderen Seite, jeweils zwei- bis dreimal.

Für den Rücken

Stellen Sie sich mit hüftbreit geöffneten Füßen und leicht gebeugten Knien auf. Stützen Sie sich mit beiden Händen auf Ihren Oberschenkeln ab, die Fußspitzen zeigen nach vorn. Machen Sie Ihren Rücken ganz rund und versuchen Sie dabei, die Brustwirbelsäule nach oben zu drücken (ähnlich einem Katzenbuckel). Machen Sie jetzt den Rücken wieder gerade und drücken Sie die Lendenwirbelsäule, also Ihren unteren Rücken, nach oben. So dehnen Sie vor allem die Muskeln des unteren Rückens. Wiederholen Sie die Übung drei- bis viermal.

Für die Brustmuskeln

Zur Dehnung der Brustmuskeln sind die Stöcke bestens geeignet. Sie können aber auch Ihren Brustkorb weiten und die Aufrichtung des Brustbeins trainieren. Stellen Sie sich gerade hin und beugen Sie Ihre Knie leicht. Ziehen Sie den Bauch ein wenig nach innen in Richtung Wirbelsäule ein. Fassen Sie einen Stock mit beiden Händen weit außen und strecken Sie Ihre Arme über den Kopf. Nun ziehen Sie die Arme langsam weiter nach hinten. So dehnen Sie nicht nur Ihre Brustmuskulatur, sondern auch den Schulterbereich.

Kräftigen der Muskulatur

Übungen zur Kräftigung

Mit Nordic Walking trainieren Sie nicht nur Ihre Ausdauer, sondern Sie kräftigen vor allem Schultern, Brust, Arme, Rücken, Hüfte, Po, Oberschenkel und Waden – also annähernd den gesamten Körper. Das ist Ihnen nicht genug? Sie wollen Ihre Muskeln zusätzlich trainieren? Wenn Sie gezielt etwas für Ihre Figur tun möchten, können Sie sich den Weg ins Fitnesscenter sparen. Legen Sie während Ihres Trainings kurze Pausen ein, in denen Sie Ihre Muskulatur ein wenig auflockern und ein paar Übungen machen. Mit einem parallel zum Nordic Walking durchgeführten Krafttraining können Sie einen noch schnelleren Trainingsfortschritt erwarten. Denn der regelmäßige Reiz auf die Muskulatur verbessert die Kraft. Schon nach kurzer Zeit können Sie einen Muskelzuwachs erwarten. Der Vorteil liegt auf der Hand: Hat Ihr Körper mehr aktive Muskelmasse, dann ist er in der Lage, mehr Leistung zu erbringen. Muskeln sind außerdem die reinsten „Energieverschwender". Je nach Intensität und Trainingszustand ziehen sie ihre Energie aus Kohlenhydraten oder Fetten. Doch auch nach dem Training wollen Muskeln mit Energie versorgt werden. Je mehr Muskeln Sie haben, desto mehr Energie verbrauchen Sie bereits im Ruhezustand. Hier spricht man von einem erhöhten Grundumsatz und dem so genannten Nachbrenneffekt. Außerdem können Sie versuchen, bekannte Schwachstellen gezielt zu stabilisieren. Eine wenig ausgebildete, verkrampfte oder verkürzte Muskulatur verursacht häufig Schmerzen. Betroffen ist neben dem Schulter-Nacken-Bereich häufig das Knie und der Bereich um die

Achillessehne. Auch bei Rückenbeschwerden schafft das gezielte Krafttraining Abhilfe. Die muskulären Schwachpunkte werden gestärkt und der Schmerz lässt nach. Ein regelmäßiges Dehn- und Muskelaufbauprogramm kann die Situation also erheblich beeinflussen und unter Umständen sogar den Gang zum Orthopäden ersparen. Das zugegeben unangenehme Gefühl beim Dehnen (Dehnschmerz) wird durch das angenehme, entspannte Gefühl nach dem Dehnen mehr als ausgeglichen. Außerdem regeneriert sich ein entspannter Muskel viel schneller als ein Muskel mit einer hohen Spannung. Deshalb sind Sie also schneller wieder auf den Beinen, wenn Sie Ihre Muskeln nach dem Training dehnen. Ob bei Kräftigungsübungen oder auch beim Dehnen – Sie haben mit Ihren Stöcken ein effektives Trainingsgerät zur Hand. Die Stöcke ermöglichen Ihnen, die regelmäßigen Übungen beliebig zu variieren oder zu erweitern.

Rudern und Bankdrücken

Bei dieser Partnerübung, die am besten funktioniert, wenn beide Partner gleich groß sind, werden zahlreiche Muskeln im Oberkörper, insbesondere aber Bizeps, Brust-, Schulterblatt- und Rückenmuskulatur trainiert.

Ausgangsposition: Sie und Ihr Trainingspartner stehen sich in einem leichten Ausfallschritt gegenüber. Die vor dem Körper ausgestreckten Arme sollten den jeweils anderen gerade so erreichen können. Sie und Ihr Trainingspartner haben einen Stock zwischen sich, den Sie beide waagerecht auf Schulterhöhe halten und schulterbreit umfassen.

Ausführung: Nun versuchen beide den Stock von sich wegzudrücken. Dabei bleiben die Ellbogen auf Schulterhöhe. Jeder Partner übt den Druck nur so stark aus, dass eine flüssige Bewegung zustande kommt. Der Stock wird also von Brust zu Brust geschoben. So wird neben der Brustmuskulatur auch der Armstrecker gekräftigt. Diese Übung sollten Sie zehn- bis 15-mal wiederholen. Danach versuchen beide Partner jeweils den Stock zu sich zu ziehen. Dabei werden die Schultern nach unten und die Schulterblätter bewusst nach hinten zur Wirbelsäule gedrückt. Auch hier bleiben die Ellbogen auf Schulterhöhe. Diese Übung kräftigt den oberen Rücken und den Bizeps. Wiederholen Sie auch diese Übung zehn- bis 15-mal. Die gesamte Einheit sollte insgesamt dreimal wiederholt werden.

Lastziehen und Nackendrücken

Diese Übung ist ebenfalls eine gute Partnerübung und kräftigt Ihre Schulter-Nacken-Partie.

Ausgangsposition: Sie und Ihr Partner stehen dicht hintereinander. Der vordere Partner streckt einen Arm aus und hält einen Stock etwas mehr als schulterbreit über seinen Kopf. Der zweite Partner steht dicht hinter ihm und umfasst ebenfalls den Stock.

Ausführung: Der vordere Partner zieht nun den Stock in Richtung seines Hinterkopfes, wenn möglich sogar hinter den Kopf bis auf die Schultern. Der hintere Partner gibt dieser Bewegung nur so viel Widerstand, dass noch ein flüssiger Ablauf möglich ist. Beim Hochführen des Stocks gibt der vordere dem hinteren Partner auch lediglich so viel Widerstand, dass dieser den Stock flüssig in die Ausgangsposition zurückdrücken kann. Diese Übung sollten Sie zehn- bis 15-mal wiederholen. Als Nächstes versucht der vordere Partner den Stock nach oben zu drücken, also dem Widerstand des nach unten ziehenden Hintermannes entgegenzuwirken. Nachdem der vordere Partner jeweils einmal gezogen und gedrückt hat, werden die Positionen gewechselt. Jeder Partner übt zweimal aus der vorderen und zweimal aus der hinteren Position.

Achillessehne und Wadenmuskulatur

Mit dieser Übung kräftigen Sie Ihre Wadenmuskulatur.

Ausgangsposition: Gehen Sie in einen breiten Ausfallschritt, wobei beide Fußspitzen parallel nach vorn zeigen. Die Stöcke werden weit vor dem Körper mit Druck auf den Boden gestellt.

Ausführung: Strecken Sie das Knie des hinteren Beines, wobei Sie die Ferse bewusst auf den Boden drücken. In der Kniekehle und der oberen Wade sollte ein Ziehen zu spüren sein. Indem Sie Ihren Körper nach vorn schieben und gleichzeitig das vordere Bein noch mehr beugen, können Sie die Dehnung verstärken. Sie sollten darauf achten, dass die Ferse immer Kontakt zum Boden hält und das hintere Knie in der Streckung bleibt. Diese Position sollten Sie ca. 15 bis 20 Sekunden halten und dann das Bein wechseln. Jede Seite sollte zweimal wiederholt werden.

Hüftbeugemuskulatur

Ein verkürzter Hüftbeuger ist häufig die Ursache für eine Fehlstellung des Beckens und verursacht oft Rückenschmerzen. Diese Übung stärkt Hüft-, Becken- und Rückenmuskulatur.

Ausgangsposition: Gehen Sie in einen sehr weiten Ausfallschritt und stellen Sie einen Stock oder beide Stöcke seitlich von sich auf. Über die Stöcke können Sie einen Großteil Ihres Gewichts halten.

Ausführung: Strecken Sie Ihr hinteres Bein, sodass nur der Vorfuß den Boden berührt und die Ferse angehoben ist. Verlagern Sie nun Ihr Gewicht nach vorn auf das gebeugte Bein. Jetzt spüren Sie die Dehnung an der Hüftbeuge des hinteren Beins. Halten Sie diese Position etwa 15 bis 20 Sekunden und wechseln Sie dann das Bein. Wiederholen Sie jede Seite zweimal.

Oberschenkel- und Hüftmuskulatur

Beim Bergab-Walken fangen Sie den Schwung einerseits durch die Stöcke, andererseits durch eine ausgeprägte Oberschenkelmuskulatur ab. Mit dieser Übung kräftigen Sie Ihre äußeren Oberschenkel und Ihre Hüfte.

Ausgangsposition: Diese Übung können Sie mit oder auch ohne Stock ausüben. Die Beine sind hüftbreit geöffnet, die Knie leicht gebeugt.

Ausführung: Verlagern Sie zuerst Ihr Gewicht auf Ihr linkes Bein und heben Sie Ihr rechtes Bein nach rechts außen an. Allerdings nur so weit, wie Sie den Oberkörper aufrecht halten können. Versuchen Sie Ihre Beinmuskulatur während der gesamten Bewegung unter Spannung zu halten. Senken Sie das Bein wieder ab. Halten Sie die Fußspitze und die Knie dabei in einer Linie. Nun wechseln Sie die Seite. Um leichter die Balance halten zu können, stellen Sie einfach den Stock neben sich auf und halten sich daran fest. Achten Sie bei dieser Übung darauf, dass der Rücken immer gerade und aufrecht bleibt.

Bauchmuskulatur

Eine gut trainierte Bauch- und Rückenmuskulatur trägt zum Schutz der Wirbelsäule bei und beugt Schädigungen und Beschwerden in diesem Bereich vor. Mit dieser Übung trainieren Sie Ihre Bauchmuskulatur.

Ausgangsposition: Um Ihren Bauch effektiv trainieren zu können, müssen Sie sich auf den Rücken legen. Stellen Sie Ihre Füße hüftbreit und leicht angewinkelt auf und fassen Sie den Stock schulterbreit. Legen Sie ihn nun an Ihren Hinterkopf, wobei Sie den Kopf leicht anheben. Drücken Sie jetzt den Kopf wieder zurück in Richtung Stock.

Ausführung: Heben Sie nun langsam Ihren Oberkörper an. Wichtig ist, dass Sie mit dem Anheben des Oberkörpers ausatmen. Schauen Sie in Richtung Himmel und drücken Sie die Ellbogen nach außen. Dann senken Sie den Oberkörper wieder langsam ab und atmen dabei tief ein. Legen Sie Ihren Oberkörper aber nicht ganz ab, sondern halten Sie ihn ganz kurz über dem Boden, bevor Sie ihn wieder aufrichten. Wiederholen Sie diese Übung zehn- bis 15-mal.

Wenn der Körper schmerzt: praktische Trainingstipps

Beschwerden bewusst vermeiden

Beschwerden bewusst vermeiden ist leichter gesagt als getan. Muskelkater und Co. schleichen sich allmählich in die Beine und oftmals will auch das lästige Seitenstechen einfach nicht aufhören. Doch auch gegen diese zahlreichen kleinen oder größeren Beschwerden können Sie etwas tun. Häufig treten Muskelkater, Seitenstechen oder harte Waden gerade bei Sportanfängern oder Wiedereinsteigern auf. Jetzt sollten Sie die Stöcke nicht in die Ecke stellen und kapitulieren, denn es wird von Training zu Training besser und bald gehören die Beschwerden der Vergangenheit an. Lassen Sie sich den Spaß am Nordic Walking nicht verderben. Und wenn die Wade einmal brennt oder der Muskelkater zwickt, können Sie Linderung und meist sogar Abhilfe schaffen.

Seitenstechen

Seitenstechen kennen viele Erwachsene noch aus Kindertagen, als während des Laufens die Seite plötzlich schmerzhaft zwickte und das Weiterlaufen fast unmöglich machte. Auch im Erwachsenenalter kann Seitenstechen auftreten. Häufig ist es ein Problem, mit dem insbesondere Anfänger zu kämpfen haben. Durch ein regelmäßiges Nordic-Walking-Training wird sich aber Ihr Atemsystem verbessern und das Seitenstechen aufhören. Doch zunächst stellt sich die Frage, warum es überhaupt zu dem unangenehmen Stechen in der seitlichen Bauchgegend kommt. Die Ursachen können vielfältig sein. Vielleicht haben Sie kurz vor dem Training noch etwas reichhaltiges oder eine große Portion gegessen. Oder Sie haben vor Trainingsbeginn stark blähende Lebensmittel wie Kohl oder Hülsenfrüchte verspeist. Auch hastiges Trinken vor dem Nordic Walking kann eine Ursache sein. Möglicherweise haben Sie auch Ihren eigenen Rhythmus noch nicht 100-prozentig gefunden und sind zu schnell gestartet. Auch dies kann ein Grund sein, denn ein zu schneller Start führt dazu, dass ruckartig Blut aus der Milz gezogen und als starker Blutfluss zur Leber transportiert wird. Diese überdehnt sich und Seitenstechen ist die Folge. Eine schwach ausgebildete Bauchmuskulatur und ein damit verbundenes schnell ermüdendes Zwerchfell sind häufig die Verursacher. Auch hastiges und unregelmäßiges Atmen kann sehr häufig zu Seitenstechen führen. Deshalb sollten Sie Ihr Lauftempo so gestalten, dass Sie sich während des Laufens ohne Anstrengung mit einem Partner unterhalten oder die Natur genießen können. Wenn Sie das lästige Seitenstechen plagt, können Sie es mit verschiedenen, einfachen Maßnahmen beseitigen.

Checkliste: Tipps gegen Seitenstechen

- Vor dem Start wenig oder gar nichts essen. Die letzte große Mahlzeit empfiehlt sich etwa zwei Stunden vor Trainingsbeginn.
- Wenn Sie vor dem Training etwas trinken, dann möglichst langsam, mit kleinen Schlucken und wenig oder keiner Kohlensäure.
- Walken Sie zu Beginn langsam und steigern Sie Ihr Tempo, bis Sie Ihren persönlichen Lauf- und Atemrhythmus gefunden haben.
- Sobald der Bauch zwickt, sollten Sie Ihr Tempo reduzieren.
- Atmen Sie dabei tief und regelmäßig in den Bauch hinein ein.
- Lässt der Schmerz nicht nach, drücken Sie mit der zur Faust geballten Hand gegen die schmerzhafte Stelle. Beugen Sie sich dabei leicht nach vorn.
- Bleiben Sie stehen und stechen Sie beide Stöcke vor sich in den Boden. Halten Sie sich an den Griffen fest und gehen Sie mit leicht angewinkelten Armen tief in die Hocke. Wiederholen Sie diese Übung drei- bis fünfmal, und das Seitenstechen wird wie von selbst verschwinden.

Muskelkater: schmerzhafte Plage

Mit Muskelkater hat jeder schon einmal mehr oder minder Bekanntschaft gemacht. Je untrainierter bestimmte Muskelgruppen sind, desto schmerzhafter kann der Bewegungsablauf sein. Ein stark schmerzender Muskelkater deutet auf ein zu hartes Training oder auf ein unzureichendes Aufwärmtraining hin. Ein leichter Muskelkater entsteht meist ein bis zwei Tage nach dem Training als Begleiterscheinung des Anpassungsprozesses an die neue körperliche Anforderung. Doch Muskelkater entsteht nicht nur während einer sportlichen Aktivität im klassischen Sinne. Auch nach einem Einkaufsbummel, dem Hausputz oder der Gartenarbeit kann er sich bemerkbar machen. Doch auch Muskelkater bleibt – ähnlich wie das Seitenstechen – bei einem regelmäßigen Training sehr schnell aus. Und Sie brauchen keine Bedenken zu haben, dass durch Muskelkater Ihr Bewegungsapparat in irgendeiner Weise langfristig Schaden davonträgt. Die Vermutung, dass Muskelkater durch Milchsäure, die sich bei körperlicher Anstrengung bildet, verursacht wird, ist teilweise überholt. Heute ist erwiesen, dass bei körperlicher Überbelastung der Muskeln feine Risse (Mikrotraumen) in den Muskelfasern entstehen. Dies verursacht Schmerzen und eine eingeschränkte Dehnbarkeit der Muskeln. Gegen Muskelkater hilft ein heißes Bad.

Checkliste: Tipps gegen Muskelkater

- Grundsätzlich vor jedem Training fünf bis zehn Minuten aufwärmen und Muskeln lockern.
- Nach jedem Training abkühlen: stretchen, dehnen und Muskeln lockern.
- Nach dem Training heiß baden oder duschen.
- Ein Saunabesuch direkt nach dem Training lindert den Schmerz.
- Achtung: Massagen können den Muskelkater noch verstärken!
- Vermeiden Sie den Genuss von großen Mengen Alkohol: Er verzögert die körperliche Regenerationsphase.
- Reiben Sie die betroffenen Körperbereiche mit einer durchblutungsfördernden Salbe, Sportgel oder Körperöl mit Arnikaauszügen ein.
- Oder tragen Sie Pferdesalbe auf die schmerzenden Stellen auf.

Wenn die Wade kneift

Sie sind in Ihrem Trainingsrhythmus und plötzlich schmerzt es in der Wade oder in der Achillessehne? Dafür können verschiedene Ursachen infrage kommen. Das Trainingstempo wurde zu schnell erhöht oder es wurde zu lange und zu oft mit unzureichenden Regenerationsphasen trainiert. Auch ein mangelndes Aufwärmprogramm, unebener Boden, permanentes Bergaufgehen oder schlecht sitzende Nordic-Walking-Schuhe können Schmerzen verursachen. Gerade Trainingsanfänger spüren oft eine leicht verhärtete Wade, wenn sie ohne ausreichendes Aufwärmtraining loswalken. Häufig ist ein verkürzter Wadenmuskel Schuld an schmerzenden Waden. Er entsteht durch Fehlbelastung, beispielsweise wenn Frauen ausschließlich hochhackige Schuhen tragen. In diesen Fällen ist es hilfreich, die Absatzhöhe immer wieder zu variieren, so gewöhnt sich der Wadenmuskel an die unterschiedlichen Absatzhöhen und die Schmerzen verschwinden mit der Zeit. Auch gegen Wadenschmerzen helfen verschiedene Maßnahmen.

Checkliste: Tipps gegen Wadenschmerzen

- Reiben Sie Ihre Waden vor dem Training mit einem durchblutungsfördernden Sportgel ein.
- Denken Sie an ein intensives Aufwärmen und stretchen und dehnen Sie sich nach dem Training.
- Vermeiden Sie das Walken auf unebenen Wegen und walken Sie nicht bergauf.
- Legen Sie während Ihres Nordic Walkings immer wieder ein bis zwei Dehnübungen ein.
- Wechselduschen mit kalt-warmer Abfolge nach dem Training lindern den Schmerz.

Muskelkrämpfe

Auch mit Muskelkrämpfen haben viele Sportler gelegentlich zu kämpfen. Wenn der Muskel überanstrengt ist oder Sie sich nicht ausreichend aufgewärmt haben, kann es zu Krämpfen kommen. Auch ein Magnesiummangel kann die Ursache des Übels sein. Ebenso kann ein Flüssigkeitsdefizit, besonders in der heißen Jahreszeit, für Muskelkrämpfe verantwortlich sein.

Checkliste: Tipps bei Muskelkrämpfen

- Vor dem Nordic-Walking-Training Stretch- und Dehnübungen machen.
- Bei einem akuten Krampf stehen bleiben und den betroffenen Muskel sofort sanft dehnen.
- Während und vor dem Training ausreichend trinken.
- Achten Sie auf eine mineralstoffreiche Ernährung mit reichlich Obst, Gemüse und Vollkornprodukten.
- Im Notfall hilft auch eine in Wasser aufgelöste Magnesium-Brausetablette.

Trinken, bevor der Durst kommt

Damit Sie auch an heißen Tagen fit bleiben und sich vor Überlastungen wie Durchblutungsstörungen, Muskelkrämpfen oder Schwindelgefühlen schützen, ist es wichtig, ausreichend zu trinken. Durch das Schwitzen entstehen automatisch Flüssigkeits- und Mineralstoffverluste. Schon zwei Prozent Flüssigkeitsverlust bewirken eine Leistungsminderung um 20 Prozent. Je nach Intensität Ihrer Nordic-Walking-Einheit werden ein bis zwei Liter pro Stunde für die Durchblutung und die Schweißproduktion verbraucht. In der Praxis heißt das: Je öfter Sie trainieren, desto schneller und stärker wird Ihre Haut durchblutet und damit die Schweißproduktion angekurbelt. Wiegen Sie sich vor und unmittelbar nach dem Training, so können Sie ermitteln, wie viel Flüssigkeit Sie verbraucht haben und zusätzlich zu den empfohlenen zwei bis zweieinhalb Liter täglich trinken sollten. Bevor Sie

mit Ihrem Training beginnen, sollten Sie Ihre körperlichen Flüssigkeitsspeicher unbedingt auffüllen. Wenn Sie zu wenig oder gar nichts trinken, vermindert sich die Durchblutung Ihres Körpers. Dies hat zur Folge, dass Ihre Muskeln nicht ausreichend mit Kohlenhydraten und Mineralstoffen wie Natrium, Kalium, Calcium und Magnesium versorgt werden. Diese Nährstoffe sind zur Energiegewinnung während des Trainings unbedingt nötig. Leistungsdefizite wie Schwindel, Muskelkrämpfe oder gar Bewusstlosigkeit können die Folge sein. Also: Trinken Sie, bevor der Durst kommt. Das Gehirn meldet Durst erst, wenn bereits ein bis zwei Liter Flüssigkeitsverlust im Körper herrschen. Der Körper läuft dann bereits auf Sparflamme. Nicht jedes Getränk ist für den Sport empfehlenswert. Damit Sie neben der verlorenen Flüssigkeit auch Ihre Mineralstoffspeicher auffüllen, sind Mineralwasser und Saftschorle (im Verhältnis Wasser zu Saft: 3:1) bestens geeignet. Damit Sie während Ihrer sportlichen Aktivitäten im Freien genug Flüssigkeit trinken, sollten Sie unbedingt eine Wasserflasche dabeihaben. Es gibt spezielle Laufgürtel, an denen mehrere kleine oder eine große Wasserflasche befestigt werden können.

Hohe Ozonwerte

Denken Sie auch an eine mögliche körperliche Beeinträchtigung durch hohe Ozonwerte. Ab einer Konzentration von 180 Mikrogramm (Mittelwert pro Stunde) empfiehlt das Umweltbundesamt, körperliche Anstrengungen und Ausdauerleistungen im Freien zu vermeiden. Denn der Körper reagiert auf hohe Ozonwerte zunächst mit Kopfschmerzen und gereizten Atemwegen. Je nachdem, wie hoch die Ozonkonzentration in der Luft ist, kann dies zu Lungenfunktionsstörungen, Schleimhautreizungen und bleibenden Gesundheitsschäden – auch bei gesunden Menschen – führen. In den Mittags- und Nachmittagsstunden ist die Ozonkonzentration in der Atemluft am höchsten. Deshalb gilt: Absolvieren Sie Ihr Nordic-Walking-Training bei Hitze und hoher Ozonkonzentration besser in den Morgen- und Abendstunden.

Checkliste: Tipps bei Hitze und hohen Ozonwerten

- Trinken Sie vor, während und nach dem Sport ausreichend Flüssigkeit.
- Isotonische Getränke können, müssen aber nicht sein.
- Bei kurzen Belastungen reicht Mineralwasser.
- Saftschorle (Verhältnis Wasser zu Saft: 3:1) eignet sich ebenfalls.
- Erkundigen Sie sich beim Umweltbundesamt über die Ozonwerte in Ihrer Stadt und planen Sie Ihr Training dementsprechend.
- Bei hohen Ozonwerten sollten Sie niemals in den Mittags- oder Nachmittagsstunden walken.
- Schützen Sie Ihre Haut mit einer Sonnencreme oder einem Sun-Blocker.
- Tragen Sie eine Kopfbedeckung und eine Sportsonnenbrille.
- Wählen Sie Kleidung aus speziellen, atmungsaktivem Materialien.

Lästige Blasen

Lästige Blasen können immer einmal auftreten. Sie entstehen durch Reibung der äußeren Hautschicht oder durch Reibung von Nähten an Kleidung, Socken und Schuhen. Scheuert die Blase beispielsweise am Fuß während des Nordic Walking auf, wird es zu einer schmerzhaften Angelegenheit, die es fast unmöglich macht, weiterzuwalken. Und häufig dauert es ein paar Tage, bis die lästige Blase wieder verschwunden ist. Doch Sie können mit ein paar kleinen Tricks weiterhin Spaß am Training haben.

Wenn die Haut wundgescheuert ist

So schön manche T-Shirts, Shorts und Sporthosen auch aussehen mögen, häufig sind sie zwar für Gerätetraining oder für Aerobic funktional und passend, doch beim Nordic Walking können aufgesetzte Nähte, Applikationen oder zu eng anliegende Kleidung die Haut wund scheuern. Durch die Reibung der Haut mit den beim Schwitzen produzierten Schweißsalzen fügt man sich dann schnell wunde Stellen zu. Auch hier brauchen Sie dank kleiner Tricks nicht auf das Training zu verzichten.

Checkliste: Tipps gegen Blasen

- Tragen Sie faltenfreie Strümpfe, die eine flache Naht haben.
- Achten Sie auch bei der restlichen Kleidung auf flache Nähte.
- Gerade bei neuen Schuhen und im Sommer bilden sich durch vermehrten Schweiß häufig Blasen: Sorgen Sie vor und nehmen Sie beim Laufen ein spezielles Blasenpflaster mit.
- Nach dem Duschen können Sie die Blase mit einer sauberen Nadel aufstechen, desinfizieren und ein Blasenpflaster auf die betroffene Stelle kleben.
- In der Nacht oder wenn Sie zu Hause keine Strümpfe tragen, ist es hilfreich, die aufgestochene Blase austrocknen zu lassen.
- Tragen Sie zum schnelleren Austrocknen parfümfreien Babypuder oder eine pastige Salbe gegen Schweißfüße aus der Apotheke auf die Blase auf.

Wenn das Wintertief naht

Viele Menschen lieben den Sommer und die Sonne und können Hitze gut vertragen. Für sie ist das Training im Sommer eine große Freude und sie bleiben am Ball. Doch wie sieht es aus, wenn das Thermometer sinkt, es draußen windig und verregnet ist? Auf jeden Fall ist das kein Grund, mit dem Nordic Walking eine Winterpause einzulegen. Denn eine Winterpause kann sehr lange andauern und sehr schnell zu einigen Kilos mehr auf Po und Hüften führen. Dank Nordic Walking kann das Körpergewicht reduziert und stabilisiert werden. Und noch ein Gutes hat das winterliche Nordic Walking: Trotz wolkenverhangenen Himmels steigt spätestens nach dem Training die Laune, Sie fühlen sich fit und gewappnet gegen Nieselregen und Schnee.

Checkliste: winterliche Motivationstipps

- Im Winter immer warm und funktional kleiden.
- Walken Sie immer mit Kopfbedeckung und Handschuhen.
- Walken Sie nicht mit nackten Beinen: So vermeiden Sie Unterkühlung und Verletzungen.
- Wärmen Sie sich immer sehr gründlich auf.
- Verabreden Sie sich zum Walken: Zu zweit oder in einer Gruppe macht es mehr Spaß und Sie bleiben am Ball.
- Belohnen Sie sich nach Ihrem Nordic-Walking-Training mit einem Saunabesuch oder einer Ruhepause mit einem guten Buch und heißem Tee.
- Atmen Sie während des Walkens tief ein und aus und genießen Sie die winterliche Landschaft – auch sie hat Schönes zu bieten!
- Walken Sie auf festem Boden und auf gut beleuchteten Wegen.
- Hören Sie beim Walken Ihre Lieblingsmusik.
- Nach dem Training sollten Sie sofort die kalte Kleidung ausziehen, heiß duschen oder ein wohltuendes Entspannungsbad nehmen.

Richtig trainiert – fit für den Alltag

Wann und wie trainieren?

Ein fester Termin: Ihr Nordic-Walking-Training

Viele Freizeitsportler beginnen eine neue Sportart hoch motiviert. Damit diese anfängliche Euphorie nicht durch Alltagsstress oder Hektik schwindet, sollten Sie Ihr Nordic-Walking-Training wie eine feste Verabredung in Ihren Terminkalender eintragen. Oder wie wäre es, wenn Sie Ihre beste Freundin oder Ihren besten Freund für das nordische Walken gewinnen und sich regelmäßig für eine Runde über Feld, Wald und Wiese verabreden? Das macht doppelt Spaß, denn Sie können sich gegenseitig motivieren, die Zeit vergeht wie im Fluge und Sie haben trotzdem die Möglichkeit, sich alles Wichtige während des Walkens zu erzählen. So schlagen Sie drei Fliegen mit einer Klappe: Körper, Geist und soziale Kontakte werden bestens gepflegt! Und da Nordic Walking keine schwer zu erlernende und recht preisgünstige Sportart ist, finden Sie im Freundeskreis sicher schnell gleich Gesinnte. Falls nicht, bieten sich so genannte Walking-Treffs an. Diese werden mittlerweile von zahlreichen Volkshochschulen, Fitnesscentern oder Sportvereinen angeboten.

Die beste Tageszeit für das Training

Jede Tageszeit hat ihren ganz besonderen Trainingsreiz. Frühaufsteher schwören auf die unverbrauchte Luft und die unberührte Natur, insbesondere weil die schneebedeckte Landschaft noch keine menschlichen Spuren zeigt, Nebelschwaden den warmen Herbstmorgen einläuten oder die Sonne langsam hinter den Wolken aufgeht. Diese Naturerlebnisse geben vielen Sportlern den zusätzlichen Ansporn, um ihr Training bereits vor Ihrem eigentlichen Alltag zu absolvieren. Doch für viele Menschen ist das frühe Aufstehen eine Tortur. Auch wenn Sie immer wieder hören und lesen, dass das morgendliche Training das effektivste sein soll, diese Weisheit ist längst überholt.

Denn in den frühen Morgenstunden läuft der Körper meistens noch nicht auf „voller Leistung". Der Kreislauf braucht seine Zeit, um in Fahrt zu kommen. Sie können diesen Vorgang beschleunigen, indem Sie vor dem Training zehn Minuten Stretch- und Dehnübungen absolvieren. Auch Leistungssportler gehen ähnlich vor: Ist ein Wettkampf für die frühen Morgenstunden angesagt, stehen sie entsprechend früher auf, um ihre Leistung und ihre Kraft voll ausschöpfen zu können. Neuere wissenschaftliche Untersuchungen bestätigen, dass Fitnesstraining in der Zeit von 16 Uhr bis etwa 20 Uhr für den Körper am effektivsten ist. Dies hängt mit der schwankenden Leistungskurve des Organismus zusammen. In den Vormittagsstunden steigt diese an: Innerhalb dieser Zeit können die meisten Menschen knifflige Aufgaben und komplexe Zusammenhänge am besten bearbeiten. Nicht ohne Grund finden Prüfungen und Gerichtsverhandlungen vorwiegend in den Vormittagsstunden statt. Gegen Mittag sinkt die Leistungskurve, um am Nachmittag wieder langsam und stetig anzusteigen. Beeinflusst wird sie natürlich auch von den einzelnen Mahlzeiten: Menschen, die regelmäßig fünf- bis sechsmal täglich kleine Portionen essen, sind häufig – mental und auch körperlich – leistungsfähiger, als Menschen, die zwei bis drei üppige Portionen zu sich nehmen. Wer mittags reichhaltig isst, wird sich auch am Nachmittag eher träge und müde fühlen, da der Körper mit der Verdauung des Essens beschäftigt ist. So kann beispielsweise die Verdauung eines fettreichen Menüs bis zu fünf Stunden in Anspruch nehmen. Leichte, fettarme Gerichte belasten den Körper nicht übermäßig, machen aber trotzdem satt. So lässt es sich auch wesentlich angenehmer und leichter trainieren. Am Nachmittag und in den frühen Abendstunden ist also der beste Zeitpunkt für das Training. Doch probieren geht über studieren: Walken Sie einfach zu unterschiedlichen Zeiten. Sie werden sehr schnell feststellen, ob Sie am Morgen oder im Laufe des Tages leistungsfähiger sind und Ihnen das Training mehr Freude bereitet.

Ziele sind wichtig

Die meisten Menschen haben Ziele, die ihnen wichtig sind und die sie weiterbringen. So sollte es auch beim Sport sein. Denn wenn Sie sich nicht sicher sind, warum das, was Sie tun, für Sie wichtig ist, werden Sie schnell die Flinte ins Korn werfen. Wer ziellos ist, bleibt häufig auch planlos. Nachdem Sie nun also die Technik des Nordic Walking beherrschen, sollten Sie sich ein paar Gedanken über Trainingsintensität, -häufigkeit und -möglichkeiten machen. Folgende Überlegungen können dabei helfen: wollen Sie Ihre Fitness verbessern, ein paar Pfunde verlieren, einen Ausgleich zum Alltag oder neuen Schwung in Ihr Sportprogramm bringen? Achten Sie unbedingt darauf, dass Ihre Ziele machbar und klar definiert sind. Denn nur mit System und kleinen Schritten werden Sie lang-

fristig erfolgreich sein. Möchten Sie als Sportanfänger beispielsweise bereits nach einem Monat einen Marathon nordisch walken oder binnen zwei Monaten 20 Kilo abnehmen, sind das schier unrealistische Ziele. Gehen Sie den Weg der kleinen Schritte: So kommen Sie Stück für Stück zum Ziel. Es braucht zwar etwas Zeit, aber dafür haben Sie die Gewissheit, dass Sie Ihre Kondition oder auch Ihr Körpergewicht tatsächlich stabilisieren.

Pausieren Sie mit Köpfchen

Jeder Körper benötigt auch einmal eine Auszeit. Auszeiten sollten jedoch in wohl dosiertem Maße genossen werden. Denn wenn Sie lediglich ein Mal in der Woche trainieren, wird der Trainingsabstand zu groß, falls Sie das Training einmal ausfallen lassen. Trainieren Sie lieber mehrmals, dafür aber in kurzen Einheiten. So gewöhnt sich Ihr Körper an das regelmäßige Training. Als Sportanfänger sollten Sie nach jedem Training eine Pause von zwei bis drei Tagen einlegen, um dem Körper Zeit zur Regeneration zu geben. Auf diese Weise können Sie sich an die Belastung gewöhnen und bleiben mit Freude dabei. Diese Trainingspausen haben auch einen weiteren besonderen Effekt: Ihre körperliche Leistungsfähigkeit nimmt zu, sodass Sie Ihre Trainingsintensität stetig ändern können. Ganz gleich, ob Sie ein schnelleres Tempo anschlagen oder längere Einheiten absolvieren: Dank dem Wechselspiel von Anspannung (Training) und Entspannung (Pause) stärken Sie Körper und Geist. Auch wenn Sie zu Beginn das Gefühl haben, immer weiter walken zu können, sollten Sie sich zeitliche und tempomäßige Limits setzen. Denn ein übertriebenes Training und eine Überschätzung der körperlichen Leistungsgrenzen haben genau den gegenteiligen Effekt: Das Immunsystem wird geschwächt und die Anfälligkeit für Erkältungskrankheiten steigt. Ein sicheres Zeichen dafür, dass Sie sich zu viel zugemutet haben, sind Muskelkrämpfe, Seitenstechen, Kreislaufprobleme oder extreme Kurzatmigkeit.

Trainieren Sie kurz und lang

Wenn Sie sich für das Nordic Walking entschieden haben, sollten Sie Ihr Training variieren: Walken Sie auf unterschiedlichen Böden und verändern Sie Ihre Trainingszeit. Je nach Möglichkeiten sollten es jedoch immer 20 bis 30 Minuten sein. Hinzu kommen zehn Minuten für das Warm-up und das Cool-down. Trainieren Sie an einem Tag eine Dreiviertelstunde, das nächste Mal eine halbe und das übernächste Mal eine Stunde. Zusätzlich können Sie das Tempo verändern. Auf diese Weise gewöhnt sich Ihr Körper nicht an eine stetig gleich bleibende Belastung, sondern er wird immer wieder aufs Neue aus der Reserve gelockt. Dies reizt und aktiviert Ihre Muskeln.

Checkliste: Nordic Walking – fit mit Köpfchen

- Planen Sie das Training als festen Termin ein.
- Trainieren Sie mit einem oder mehreren Freunden, das motiviert, stärkt Körper, Geist und soziale Kontakte.
- Probieren Sie unterschiedliche Trainingszeiten: Sie werden schnell spüren, wann Ihre Leistungsfähigkeit am stärksten ist.
- Wenn Sie frühmorgens walken, denken Sie an ein zehnminütiges Stretching- und Dehnungsprogramm, um Ihren Kreislauf in Schwung zu bringen.
- Die beste Trainingszeit ist zwischen 16 Uhr und 20 Uhr abends.
- Schreiben Sie sich Ihre Ziele und den realistischen Zeitraum dazu auf.
- Verlangen Sie nichts Unmögliches von Ihrem Körper.
- Für Sportanfänger empfiehlt sich ein Intervall von 1:2, d. h., zwischen zwei Trainingseinheiten sollten zwei oder drei Tage Pause liegen.
- Falls Sie bereits gut trainiert sind, reichen Pausen im Intervall von 1:1, d. h., zwischen zwei Trainingseinheiten sollten mindestens ein bis zwei Tage Pause liegen.
- Kombinieren Sie Nordic Walking mit anderen Sportarten, wie beispielsweise mit Radfahren.
- Trainieren Sie in verschiedenen Zeitintervallen und mit unterschiedlichem Tempo, das fördert die Belastbarkeit und die Muskelarbeit.

Von Puls, Körpergewicht und Körperfett

Pulsmessuhren

Schlaue Uhren – sicheres Ausdauertraining

Während des Nordic Walking ist der Körper einer andauernden Belastung ausgesetzt. Damit Sie diese Trainingsbelastung Ihrer persönlichen Leistungsfähigkeit anpassen können und sich in einem gesunden Pulsbereich bewegen, ist eine Pulsuhr hilfreich. Denn das Maß aller Dinge beim Ausdauertraining ist die Geschwindigkeit des Herzschlages, also der Puls. Aber wieso ist die Herzfrequenz für die richtige Belastung so wichtig? Ganz einfach – für jede Bewegung benötigt der Körper Energie. Diese holt er sich aus Kohlenhydraten und teilweise aus Fetten. Für Dauerbelastungen muss der Körper zusätzlich Energie bereitstellen. Das geht nur mithilfe von Sauerstoff. Diese Energiebereitstellung nennt sich „aerob". Für kurze, schnelle Belastungen, wie etwa einen 100-Meter-Sprint, kann der Körper Energie auch ohne Hilfe von Sauerstoff, also anaerob, gewinnen. Für eine Ausdauersportart wie das Nordic Walking hingegen muss genügend Sauerstoff zugeführt werden. Sie müssen also während Ihres Nordic-Walking-Trainings eine Geschwindigkeit einhalten, die es Ihnen erlaubt, ruhig und tief einzuatmen. Nur auf diese Weise stellen Sie sicher, dass Ihr Körper genügend Sauerstoff erhält und dadurch in der Lage ist, ausreichend Energie bereitzustellen. Wird Ihrem Körper zu wenig Sauerstoff zugeführt, steigt Ihr Puls an, denn Ihr Herz muss mehr pumpen, um die Muskeln mit Blut und Sauerstoff zu versorgen.

Auf den Schlag genau – Pulsmessuhren

Pulsmessuhren (auch Herzfrequenzmesser genannt) bestehen aus einem drahtlosen Sender als Brustgurt und einem Empfänger in Form einer Armbanduhr, die man am Handgelenk trägt. Die Modelle werden regelmäßig überarbeitet und den Ansprüchen der Sportler angepasst. Dabei ist es be-

sonders wichtig, dass sie leicht zu bedienen sind. Zu den wichtigsten Funktionen einer Pulsmessuhr gehören die exakte Ermittlung des Pulswertes, die Möglichkeit der Einstellung individueller Pulsober- und untergrenzwerte, eine Stoppuhr, ein Alarmton und die Uhrzeit. Einsteigermodelle mit diesen Funktionen sind im Sportfachhandel bereits ab 50 Euro erhältlich. Hightech-Uhren bieten zahlreiche zusätzliche Funktionen. Neben der Ermittlung der während des Nordic Walking verbrauchten Kalorien helfen Ihnen individuelle Trainingsprogramme beispielsweise bei der Gewichtsabnahme und der Erhaltung des neuen Körpergewichts. Auch kann mithilfe dieser Uhren die tägliche Energiemenge und das wöchentliche Pensum an Bewegungskalorien, die verbrannt werden sollen, ermittelt werden. Viele Dinge machen diese „Minicomputer" heute möglich. Multifunktionale Geräte haben jedoch ihren Preis: Er beginnt bei ca. 130 Euro und steigt mit dem Funktionsangebot.

Die Herzfrequenz: Maß aller Dinge

Die Herzfrequenz zeigt an, ob Sie sich zu wenig, zu stark oder im richtigen Maß bewegen. Die maximale Herzfrequenz ist abhängig von Ihrem Trainingszustand, Ihrem Körpergewicht und Ihrer Körpergröße sowie Ihrer persönlichen Tagesform. Den Puls am Hals oder der Innenseite des Handgelenks zu ertasten und zu zählen, um dann die persönliche Herzfrequenz zu ermitteln, ist eine Möglichkeit. Der Nachteil dieser Methode ist, dass Sie, um den Puls fühlen zu können, ruhig stehen bleiben müssen. Sobald Sie jedoch stehen, sinkt Ihr Pulsschlag automatisch. Es besteht also die Gefahr eines ungenauen Wertes.

Zur Ermittlung der maximalen Herzfrequenz (MHF) empfiehlt sich folgende Formel:

Männer:
220 minus Lebensalter = MHF
Beispiel: 40-jähriger Mann: 220 minus 40 = 180 als Maximalpuls

Frauen:
226 minus Lebensalter = MHF
Beispiel: 40-jährige Frau: 226 minus 40 = 186 als Maximalpuls

Auch wenn diese Formel bereits zwischen Alter und Geschlecht unterscheidet, spielen beim Puls noch weitere Faktoren eine Rolle. Menschen, die beispielsweise an einer Schilddrüsenerkrankung leiden (Über- oder Unterfunktion der Schilddrüse) sowie ältere oder untrainierte Menschen haben oft einen erhöhten Ruhepuls von 90 bis 100 Schlägen pro Minute. Dieser steigt während des Trainings meist schneller und noch

höher an. Dank einem regelmäßigen Nordic-Walking-Training verbessert und stabilisiert sich der Puls. Gut trainierte Menschen haben dagegen einen Top-Ruhepuls von 40 bis 50 Schlägen pro Minute.

Hören Sie auf Ihren Puls

Wer sein Herz nicht überlasten möchte, sollte bei 70 Prozent der maximalen Herzfrequenz bleiben. Dieser Wert wird beispielsweise beim Training im Kardiobereich (Fettverbrennung) erzielt. Ein Training in diesem Pulsbereich ist optimal, um die Fettverbrennung anzukurbeln. Pulsmessuhren können Ihnen dabei helfen, diesen Pulsbereich einzuhalten, denn sie speichern Ihren niedrigsten und höchsten Pulsbereich und geben einen Signalton ab,

Pulsfrequenz für das Ausdauertraining

Prozent der maximalen Herzfrequenz 220 minus Lebensalter für Männer, 226 minus Lebensalter für Frauen	Trainingseffekt
50–60 Prozent	Aufwärmen, Abkühlen, Relax-Training
60–70 Prozent	Fettverbrennung
70–80 Prozent	Herz-Kreislauf-Training/ Fitnesstraining
80–90 Prozent	Intervall-Powertraining

Checkliste: Tipps zu Puls- und Herzfrequenzmessern

- Überlegen Sie sich vor dem Kauf, welche Funktionen das Modell unbedingt besitzen soll.
- Lassen Sie sich im Sportfachhandel beraten und testen Sie vor Ort verschiedene Typen. Achten Sie insbesondere auch auf einen komfortablen Sitz.
- Ermitteln Sie den persönlichen Unter- und Oberbereich Ihrer Herzfrequenz und geben Sie ihn (je nach Funktion) in die Uhr ein.
- Befeuchten Sie den Brustgurt mit Wasser und legen Sie ihn straff gespannt unterhalb der Brust an.
- Schalten Sie zu Trainingsbeginn die Pulsuhr ein, so können Sie Ihren Puls während des Trainings beobachten.
- Bei Anfängern und Wiedereinsteigern oder bei Schilddrüsenerkrankungen, Übermüdung oder hohem Stresspotenzial kann der Ruhe- und Bewegungspuls erhöht sein.
- Dank regelmäßigem Training verbessert sich der Puls bei jedem Menschen.
- Ruhepulswerte im Bereich von 50 bis 75 Schlägen pro Minute sind optimal.

wenn Sie zu „hochtourig" trainieren. Achten Sie aber darauf, dass der Brustgurt straff gespannt unterhalb der Brust sitzt. Feuchten Sie die Innenseiten des Gurtes (Kontakte) am besten vor dem Anlegen an. Häufig wird für einen besseren Kontakt von Brustgurt zur Haut auch ein spezielles Gel angeboten. Doch das einfache Befeuchten mit Wasser reicht meist völlig aus.

Körper und Gewicht im Einklang

Damit Ihre Erfolge sichtbar werden, ist es wichtig, dass Sie Ihr Körpergewicht kennen. Denn sowohl ein Zuviel als auch ein Zuwenig schadet der Gesundheit langfristig. Mit der Ermittlung des Körpermasse-Index (Body Mass Index) werden realistische Ergebnisse zur Bestimmung des

Körpergewichts vorgenommen. Der BMI wird dem Körpertyp – egal ob groß, klein, jung oder alt – gerecht.

Das stärkt die Motivation: Körperfettwaagen

Einen Nachteil hat die Gewichtsberechnung mit dem BMI: Sie unterscheidet nicht zwischen Fett- und Muskelmasse. So kann beispielsweise trotz regelmäßigem Nordic Walking das Gewicht unverändert bleiben, obwohl sich die Fettmasse zugunsten von Muskelmasse verändert hat. Die Verwandlung von Fett- in Muskelmasse hat einen entscheidenden Vorteil: Muskelmasse verbrennt automatisch mehr Energie als Fettmasse. Wer also Fett in Muskelmasse umwandeln möchte, ist mit einer Körperfettwaage gut beraten. Diese Waagen können

Formel zur Berechnung des Body Mass Index (BMI)

$$\text{BMI} = \frac{\text{Körpergewicht in Kilogramm}}{\text{Körpergröße in Metern x Körpergröße in Metern}}$$

Beispiel: 75 kg bei einer Körpergröße von 1,70 m

$$\text{BMI} = \frac{75}{1{,}70 \times 1{,}70} = 26$$

Auswertung des BMI

19–25 (Normbereich): Das Körpergewicht liegt im gesunden Bereich.

25–30 (leichtes Übergewicht):Das Körpergewicht ist leicht erhöht. Um stoffwechselbedingte Folgeerkrankungen zu vermeiden oder zu reduzieren, empfiehlt sich eine Gewichtsabnahme.

Ab 31 (deutliches Übergewicht/Adipositas): Bei diesen Werten besteht ein deutliches Übergewicht, welches die Gesundheit in jedem Fall gefährdet. Empfehlenswert ist eine langfristige und gesunde Gewichtsabnahme.

persönliche Daten wie Alter, Körpergröße und Geschlecht von bis zu vier Personen speichern und neben einer Gewichtsveränderung auch feststellen, ob sich das Fett reduziert und damit in Muskelmasse verwandelt hat. Körperfettwaagen gibt es im Fachhandel ab etwa 50 Euro.

Störfaktoren beim Messen

Die Ermittlung der Fettmasse kann von verschiedenen Faktoren störend beeinflusst werden, obwohl das Gewicht gleich bleibt. Wer sich zu unterschiedlichen Tageszeiten auf die Waage stellt, muss mit einem schwankenden Fettanteil von bis zu fünf Prozent rechnen. Auch die sich im Körper befindende Flüssigkeitsmenge beeinflusst das Ergebnis. Wird über den Tag verteilt wenig getrunken, liegt die Körperfettmenge wesentlich höher, als wenn zwei und mehr Liter getrunken wurden. Außerdem können überhöhte Körperfettanteile auftreten, wenn intensiv Sport getrieben wurde. Auch ein Wannenbad oder ein Saunabesuch kann das Ergebnis verändern. Gleiches gilt bei einer hohen Raumfeuchtigkeit, verschwitzten Füßen, oder einem sehr niedrigen Ruhepuls.

Optimale Werte: ein Plus für die Gesundheit

Die Körperfettmasse ist von Geschlecht und Alter abhängig. Je weniger Fett der Körper enthält, desto mehr Muskeln und Wasser sind vorhanden. Dies ist wesentlich gesünder als hohe Körperfettanteile. Entspricht der Körperfettanteil den empfohlenen Richtwerten, kann die Gefahr der so genannten Zivilisationskrankheiten vermindert werden. Zu diesen Krankheiten gehören beispielsweise Diabetes mellitus, Bluthochdruck, erhöhte Blutfette und Erkrankungen des Bewegungsapparates.

Empfohlene Richtwerte für den Körperfettanteil

Frauen:

Alter in	Werte in Prozent		
Jahren	Gesund	Erhöht	Adipös
20–39	21–33	33–39	39+
40–59	23–34	34–40	40+
60–79	24–36	36–42	42+

Männer:

Alter in	Werte in Prozent		
Jahren	Gesund	Erhöht	Adipös
20–39	8–20	20–25	25+
40–59	11–22	22–28	28+
60–79	13–25	25–30	30+

Checkliste: Tipps zum Umgang mit Körperfettwaagen

- Vor dem Wiegen persönliche Daten speichern.
- Immer barfuß wiegen.
- Maximal einmal wöchentlich, möglichst zur gleichen Zeit, nüchtern und unbekleidet wiegen.
- Wird zu wenig getrunken, sinkt der Wasseranteil im Körper und die Körperfettwaage zeigt einen höheren Fettgehalt an.
- Auch direkt nach einem heißen Bad oder einem Saunabesuch kann das Körperfett durch starkes Schwitzen erhöht sein.
- Nicht alle Körperfettwaagen ermitteln identische Werte. Deshalb immer die gleiche Waage benutzen.

Trainingsprogramme im Überblick

Wenn Sie sich mit der Technik und den verschiedenen Bewegungsabläufen beim Nordic Walking vertraut gemacht haben, können Sie Ihre Fitness mit verschiedenen Trainingsprogrammen positiv beeinflussen. Ganz gleich, ob Sie einfach einen körperlichen Ausgleich zum Alltagsstress suchen, Ihr Körpergewicht langfristig und gesund reduzieren wollen oder Ihren Körper so richtig fordern möchten – mit Nordic Walking ist das alles möglich! Selbst wenn Sie sich, beispielsweise nach einem anstrengenden Arbeitstag, einfach nur entspannen möchten, bietet sich ein leichtes Nordic-Walking-Training an.

Relaxtraining

Stress, Hektik und permanenter Zeitdruck hinterlassen häufig ihre Spuren. Probleme beim Ein- und Durchschlafen, verkürzte und verhärtete Nackenmuskeln, Rückenbeschwerden oder eine ständige innere Unruhe sind häufige Folgen einer Überlastung. Doch so weit muss es nicht kommen. Wer eine Bewegungsform sucht, bei der es möglich ist, einfach abzuschalten und zu entspannen, ist mit Nordic Walking gut beraten. Sie tanken reichlich Sauerstoff und können die Natur in vollen Zügen genießen. Außerdem hilft Ihnen das Nordic-Walking-Relaxtraining beim Abbau von Stresshormonen, wie beispielsweise Adrenalin. Dabei müssen Sie sich während des Trainings nicht verausgaben und sind bereits mit kurzen, regelmäßigen Trainingseinheiten schnell fit für den stressigen Alltag.

So trainieren Sie relaxed

Wie der Name schon sagt, dient diese Trainingsvariante der körperlichen und geistigen Entspannung. Deshalb sollte die jeweilige Einheit nicht länger als maximal 20 Minuten dauern. Hinzu kommen jeweils fünf Minuten Stretch- und Dehnübungen vor und nach dem Training. Die Trainingsintensität sollte bei 50 bis 60 Prozent Ihrer maximalen Herzfrequenz liegen. Falls Sie diese Frequenz überschreiten, reduziert sich der reine Wellnesseffekt. Sogar in den Abendstunden bietet das Training eine gute Möglichkeit der Entspannung. Trainieren Sie abends aber weder zu intensiv noch zu lange denn ansonsten kann durch die Endorphinfreisetzung das Einschlafen erschwert werden. Da Relaxtraining zur Entspannung von Körper und Geist gedacht ist, können Sie es auch als Sportanfänger oder Wiedereinsteiger ohne Probleme täglich praktizieren.

Relax-Trainingstipps

Optimale Herzfrequenz:	50–60 Prozent des MHF
Dauer:	20 Minuten plus je fünf Minuten Aufwärm- und Abkühltraining
Training:	Fünf- bis siebenmal pro Woche

Fatburnertraining

Nordic Walking ist ein optimaler Ausdauersport, der Ihnen hilft, Ihr Gewicht gesund abzubauen und langfristig zu halten. Damit Sie erfolgreich sind, sollten Sie ein paar wichtige Dinge beachten. Oberstes Ziel des Fettstoffwechsel-Trainings ist, den Anteil der Fettverbrennung während des Trainings zu erhöhen. Sinnvoll ist daher eine lange und langsame Belastung. Pro Trainingseinheit ist ein zeitlicher Rahmen von einer bis anderthalb Stunden sinnvoll. Die Trainingsintensität sollte bei 60 bis 70 Prozent Ihrer maximalen Herzfrequenz liegen. Auch wenn Sie dabei das Gefühl haben, sich nicht genug zu fordern, wird Ihr Fettstoffwechsel bei diesem Training angekurbelt. Schießen Sie über dieses Ziel hinaus, geht die Belastung in ein Fitnesstraining über, was zwar Herz und Kreislauf gut tut, jedoch auch die Fettverbrennung verlangsamt. Planen Sie für das Fettstoffwechseltraining drei- bis viermal wöchentlich mindestens eine Stunde ein. Da Sie im unteren Pulsbereich trainieren, können Sie sich dabei bequem unterhalten und gleichzeitig etwas gegen die Pfunde tun.

Fettverbrennung von Anfang an

Vielleicht kennen Sie die Theorie, dass die Fettverbrennung erst nach einer halben Stunde Ausdauertraining aktiviert wird. Dies ist nicht immer zutreffend. Je nach Intensität und Dauer wird die Fettverbrennung bereits zu Beginn des Trainings angekurbelt. Je regelmäßiger und länger Sie trainieren, desto effektiver und schneller kommt sie in Gang. Falls Sie einmal wenig Zeit für

Ihr Training haben, ist es sinnvoll, intensiver, also mit einer höheren Pulsfrequenz zu walken, als es ganz bleiben zu lassen. Das Training sollte jedoch ohne Auf- und Abkühlen mindestens 20 Minuten dauern. So verbrennen Sie in kürzerer Zeit mehr Kalorien als beim langsamen Nordic Waking. Für das regelmäßige Fatburnertraining ist jedoch die beschriebene niedrigere Herzfrequenz sinnvoller. Denn Ihr Körper kann sich so auf lange und regelmäßige Belastungen einstellen. Außerdem führt das Training dazu, dass Ihr Fettstoffwechsel mittel- und langfristig stärker aktiviert wird, auch im Ruhezustand mehr Fett zu verbrennen. Dieser so genannte Nachbrenneffekt sorgt dafür, dass sich Ihr Grundumsatz bis zu 15 Stunden nach dem Sport erhöht. Dies ist der entscheidende Vorteil gegenüber einem kurzen und intensiven Training.

Der perfekte Mix: fettarme Ernährung und Nordic Walking

Mit dem regelmäßigen Fatburnertraining sind Sie auf der sicheren Seite im Kampf gegen lästige Kilos. Doch Hand aufs Herz, ohne eine Ernährungsumstellung werden Sie nur ganz

langsam Erfolge auf der Waage verbuchen können. Eine negative Energiebilanz ist der Schlüssel zum Erfolg. Und das geht in zwei Schritten: Entweder Sie essen weniger Kalorien, als der Körper täglich verbraucht (was über einen langen Zeitraum mit hoher Disziplin verbunden ist), oder Sie trainieren eine bestimmte Menge an Kalorien möglichst täglich ab. Die optimale Kombination ist der Mix aus einer fettarmen, abwechslungsreichen Ernährung und drei bis vier längeren Sporteinheiten pro Woche. So aktivieren Sie Ihren Stoffwechsel und sind zudem vor dem häufig nach Crash-Diäten auftretenden Jo-Jo-Effekt gefeit. Denn Diäten, die Ihnen binnen kurzer Zeit immense Gewichtsverluste versprechen, werfen den Stoffwechsel aus der Bahn. Sobald dem Körper weniger Energie in Form von Kalorien zur Verfügung gestellt wird, aktiviert er sein Notprogramm: Der Grundumsatz schaltet auf Sparflamme und die Energieabgabe reduziert sich, um die vorhandene Energie möglichst optimal auszunutzen. Wird nach der Crash-Kur wieder in gewohnter Menge gegessen, füllt der Körper seine Reserven in Form von Fettdepots schnell wieder auf und bunkert meist noch mehr als vor der Diät. Dies führt überwiegend dazu, dass das Gewicht nach der Diät höher ist als davor.

Checkliste: So essen Sie fett- und kalorienbewusst

- Essen Sie zwischen 1.500 und 1.800 Kilokalorien täglich.
- Wichtig ist die Wochen-, nicht die Tagesbilanz: Haben Sie an einem Tag etwas mehr gegessen, können Sie dieses Zuviel am nächsten Tag wieder ausgleichen.
- Bevorzugen Sie fünf kleine statt zwei bis drei große Mahlzeiten täglich.
- Zur Ernährungsumstellung ist ein Esstagebuch hilfreich: Schreiben Sie ein bis zwei Wochen lang alles auf, was Sie essen und trinken. Dies gibt Ihnen einen Überblick und hilft Ihnen bei möglichen Veränderungen.
- Planen Sie fünf Portionen Obst und/oder Gemüse in Ihren Tagesplan ein.
- Achten Sie auf genug Ballaststoffe: Essen Sie Vollkorn- statt Weißbrot.
- Verzichten Sie auf fetthaltige Lebensmittel.
- Halbfettbutter oder -margarine, Tomatenmark und Senf sind gute Streichalternativen für Ihr Brot.
- Reduzieren Sie Ihre tägliche Fettmenge auf etwa 40 Gramm.
- Vergessen Sie nicht, mindestens zwei Liter kalorienfreie Flüssigkeit (Kaffee, schwarzer oder grüner Tee zählt nicht hierzu) zu trinken.
- Für den Motivationskick hilft es, zweimal wöchentlich ab 18 Uhr abends nichts mehr zu essen und nur noch kalorienfreie Flüssigkeit zu trinken. Optimal ist es, wenn Sie an diesen Tagen nordisch walken. Das kurbelt die Fettverbrennung noch einmal extra an.

Fatburner-Trainingstipps

Wenn Sie eine fettreduzierte Ernährung mit einem regelmäßigen Training kombinieren, werden zwar nicht in Windeseile all Ihre Kilos dahinschmelzen, doch verschwindet das Abgebaute meist auch langfristig. Üben Sie sich jedoch in Geduld und denken Sie immer daran, dass die Kilos auch nicht über Nacht oder in einem Monat gekommen sind. Lassen Sie Ihrem Körper Zeit und setzen Sie sich nicht so stark unter Druck. Selbst wenn das Gewicht einmal stagniert, sollten Sie dranbleiben und Ihr Training nicht gleich aufgeben. Ein verlorenes Pfund pro Woche ist völlig gesund und ausreichend. Sie sollten auch mindestens drei Monate trainieren, um effektive Erfolge zu erreichen und den Stoffwechsel an die Bewegung zu gewöhnen. Sie können den Trainingseffekt außerdem durch unterschiedliche Routen, Steigungen, verschiedene Bodenbeläge und kurze schnelle Nordic-Walking-Intervalle erhöhen. Beginnen Sie damit aber erst, wenn Sie sich fit genug fühlen, und absolvieren Sie trotzdem möglichst lange Trainingseinheiten. Aber auch kurze, schnelle Intervalle tragen dazu bei, während des Fettstoffwechseltrainings mehr Kalorien zu verbrennen.

Dreimonatiges Fatburnertraining

1. Monat:

Optimale Herzfrequenz:	50–60 Prozent der MHF
Dauer:	30 Minuten plus je fünf Minuten Aufwärm- und Abkühltraining
Training:	Dreimal pro Woche

2. Monat:

Optimale Herzfrequenz:	60–70 Prozent der MHF
Dauer:	40 Minuten plus je fünf Minuten Aufwärm- und Abkühltraining
Training:	Drei- bis viermal pro Woche

3. Monat:

Optimale Herzfrequenz:	70 Prozent der MHF
Dauer:	60 Minuten plus je fünf Minuten Aufwärm- und Abkühltraining
Training:	Drei- bis viermal pro Woche

Fitnesstraining

Neben einem Fatburner- und Relaxtraining können Sie auch ein Ausdauertraining absolvieren. Die meisten Nordic Walker bewegen sich dabei mit einer Intensität von 70 bis 80 Prozent ihrer maximalen Herzfrequenz. Das fordert den Körper, ohne übermäßig anzustrengen. Ein regelmäßiges Fitnesstraining befördert verstärkt Sauerstoff zu den Muskeln und transportiert Kohlendioxid ab. So wird der Muskelstoffwechsel aktiviert und die Geschwindigkeit beim Nordic Walking kann kontinuierlich erhöht werden. Das stärkt nicht nur Herz und Kreislauf, sondern auch die Leistungsfähigkeit und die Lungenfunktion. Sobald das Fitnesstraining zur Gewohnheit geworden ist, fühlt man sich insgesamt körperlich recht schnell fitter.

Intervall-Powertraining

Auch die Fitnesscracks können sich mit dem Intervall-Powertraining so richtig verausgaben. Wer sich für dieses schweißtreibende Training entscheidet, sollte bereits gut trainiert sein und über Fitnesserfahrung verfügen. So können Verletzungen, Überanstrengung und Überdehnung vermieden werden. Am effektivsten ist dieses Training in unterschiedlichen Intervallen: Sie beginnen mit einer zehnminütigen Aufwärmphase und erhöhen die Intensität dann jeweils für drei bis sechs Minuten. Anschließend wechseln ein- bis dreiminütige Erholungsphasen mit den Powerphasen ab. Während der kurzen Erholungsphasen sinkt der Puls in den Bereich der Fettverbrennungszone. Die Intervalle können drei- bis sechsmal wiederholt werden.

Fitness-Trainingstipps

Optimale Herzfrequenz:	70–80 Prozent der MHF
Dauer:	40–60 Minuten plus je fünf Minuten Aufwärm- und Abkühltraining
Training:	Drei- bis viermal pro Woche

Wenn Ihnen das Training zu intensiv ist und Kurzatmigkeit oder schlappe Beine die Folge sind, verlängern Sie die Erholungsphasen und achten Sie auf ausreichende Stretch- und Dehnübungen vor und nach dem Training.

Nordic Jogging

Nordic Jogging ist die Variante für trainingserfahrene und techniksichere Sportler. Es erfordert viel Krafteinsatz und bewegt sich im oberen Herzfrequenzbereich. Mit Nordic Jogging lassen sich nicht nur die Kraft, sondern auch die Schnelligkeit und die Ausdauer verbessern. Die Sportart eignet sich also insbesondere für leistungsorientierte Sportler und zur Wettkampfvorbereitung. Übergewichtige und Menschen mit Gelenkproblemen sollten vom Nordic Jogging Abstand nehmen. Die Verletzungsgefahr und die Gelenkbelastung sind bei dieser Trainingsform weitaus höher als beim klassischen Nordic Walking. Um das Verletzungsrisiko auch bei trainierten Sportlern zu minimieren, muss ein ausgiebiges Aufwärmpro-

Intervall-Powertrainingstipps

Optimale Herzfrequenz:	80–90 Prozent der MHF
Dauer:	30–50 Minuten Intervalltraining plus je fünf bis zehn Minuten Aufwärm- und Abkühltraining
Training:	Zwei- bis viermal pro Woche

gramm absolviert werden. Eine Viertelstunde sollte das Aufwärmen schon in Anspruch nehmen. Dabei können Sie nach fünf bis zehn Minuten Stretching und Dehnen mit dem Nordic Walking im Bereich der Fettverbrennungszone (etwa 60 bis 70 Prozent der maximalen Herzfrequenz) starten und gegen Ende des Aufwärmens zum Nordic Jogging übergehen. Laufen Sie beim Nordic Jogging genauso wie beim Nordic Walking, stoßen Sie sich jedoch bei jedem Schritt zusätzlich mit dem Stock ab. Während der Flugphase – ähnlich wie beim Joggen – sind für einen kurzen Moment beide Füße in der Luft. Durch den anschließenden Aufprall auf den Boden belastet Nordic Jogging die Gelenke zwar mehr als Nordic Walking, doch dank des Stockeinsatzes werden die Gelenke auch hier weniger strapaziert als beim herkömmlichen Joggen. Wenn Sie auf der Suche nach einem Kraft fordernden Ausdauertraining sind und zugleich nahezu alle Muskeln trainieren möchten, ist Nordic Jogging genau das Richtige.

Nordic-Fitness-Variationen – von Blading bis Skilanglauf

Nordic Fitness – der Spaß an Bewegung und Gesundheit

Wer regelmäßig Ausdauersport betreibt, tut seinem Körper in jedem Fall etwas Gutes. Eine große Bandbreite an sportlicher Betätigung kann darüber hinaus die Fitness und die motorischen Fähigkeiten noch weiter verbessern. Dabei ist es Ihrem Herz egal, auf welche Art und Weise es trainiert wird. Wichtig ist nur, dass Sie es genug fordern. Zur Verbesserung Ihrer sportlichen Kondition und Beweglichkeit ist ein Fitness-Mix am sinnvollsten. Auch macht das Training gleich viel mehr Spaß, wenn mehr Abwechslung im Spiel ist. Nordic Walking können Sie das ganze Jahr mit einer hohen Effizienz ausüben. Es bieten sich aber auch einige andere Sportarten an, mit denen Sie in Kombination Ihren Körper rund ums

Jahr fit halten können. Im Sommer beispielsweise mit Nordic Blading und im Winter mit Skilanglauf oder Nordic Snowshoeing. Auch bei diesen Sportarten können Sie mithilfe der Stöcke die Muskeln Ihres Körpers effektiver trainieren und dadurch einen höheren Energieumsatz erzielen. Wichtig ist dabei wie beim Nordic Walking auch: Beginnen Sie ein Training immer mit einem ausgedehnten Aufwärmprogramm und verwenden Sie dazu ruhig auch die Stöcke. Eines werden Sie in jedem Fall schnell merken: Sie trainieren das ganze Jahr abwechslungsreich und dabei sehr effektiv. Auch die Stärkung des Herz-Kreislauf-Systems und der Spaß beim Training werden positive Faktoren sein, die Sie dabei begleiten.

Nordic Blading: Inlineskaten mit Stockschub

Nordic Blading ist, wie auch Nordic Walking, die Antwort auf die rasant ansteigende Nachfrage nach einem effektiven und gesunden Outdoortraining. Diese noch recht junge Sportart ist eine schwungvolle und faszinierende Art der Fortbewegung, die einen großen Teil zur Steigerung der Gesamtkondition beiträgt! Dabei sind die möglichen Bewegungsformen ausgesprochen effektiv. Durch den Einsatz spezieller Stöcke trägt beim Nordic Blading auch die Oberkörpermuskulatur zum Vorwärtskommen bei. Der Kalorienverbrauch ist dabei erhöht und die Fettverbrennung wird wesentlich verbessert. Von der Technik her kann man Nordic Blading mit der freien Technik des Skilanglaufs (Skaten) vergleichen. Deshalb ist Nordic Blading für fast alle Skisportler fester Bestandteil des Sommertrainings. Der Stockeinsatz dient beim Nordic Blading im Wesentlichen zur Verbesserung des Vortriebs. Er ist dann optimal, wenn die Stockspitzen etwa schulterbreit jeweils knapp hinter den Skates zum Einsatz kommen und möglichst parallel geführt werden, die Hände bleiben dabei etwa in Schulterbreite.

Was wird trainiert?

Nordic Blading ist sozusagen Inlineskaten mit speziellen

Stöcken. Wenn Sie gern mit Inlinern unterwegs und auf der Suche nach neuen Herausforderungen sind, dann sollten Sie Nordic Blading einfach ausprobieren. Es macht riesigen Spaß, auf acht Rollen dahinzugleiten und sich zusätzlichen Schwung durch die Stöcke zu holen. Nordic Blading ist deshalb besonders effektiv, weil zusätzlich zu den Bein-, Hüft- und Gesäßmuskeln auch die Arme, Schultern, Brust-, Bauch- und Rückenmuskeln trainiert werden. Die Belastung verteilt sich dabei gleichmäßig auf alle großen Muskelgruppen. Aber auch die Arm-Bein-Koordination wird beim Nordic Blading geschult und verbessert. Der Energieverbrauch und die Herzfrequenz sind gegenüber dem gewöhnlichen Inlineskating höher. Das liegt daran, dass beim Nordic Blading die Muskelmasse einer höheren Beanspruchung unterliegt. Es wird davon ausgegangen, dass bei gleicher Geschwindigkeit das Nordic-Blading-Training bis zu 40 Prozent effektiver ist als das Inlineskating. Auch Herz und Kreislauf werden durch dieses effiziente Training gestärkt, die Atmung wird vertieft, und wenn Sie regelmäßig skaten, stärken Sie dadurch sogar Ihr Immunsystem. Durch den verstärkten Einsatz des Oberkörpers verbrennen Sie außerdem mehr Energie als beim normalen Inlineskating.

Was brauchen Sie zum Nordic Blading?

Für das Nordic Walking benötigen Sie lediglich Stöcke und gute Schuhe. Beim Nordic Blading hingegen ist die Ausrüstung schon etwas umfangreicher. Neben Stöcken und Inlineskates ist unbedingt eine vollständige Schutzausrüstung erforderlich. Bei den Inlineskates und den dazugehörenden Rollen gibt es eine riesengroße Auswahl. Da sich die Modelle sehr stark voneinander unterscheiden, ist es wichtig, den richtigen Schuh für die eigenen Ansprüche zu finden. Hier ist also eine fachkundige Beratung beim Kauf unerlässlich. Ähnlich wie beim Nordic Walking gibt es auch hier extra leichte Nordic-Blading-Stöcke mit einem speziellen Handschlaufensystem und einer rutschfesten Stockspitze.

Formel zur Berechnung der individuellen Blading-Stocklänge:

Körpergröße in cm x 0,9 + 2,5 cm

Beispiel: Bei einer Körpergröße von 175 cm benötigen Sie eine Stocklänge von 175 x 0,9 + 2,5 = 160 cm.

Die Schutzbekleidung ist beim Nordic Blading besonders wichtig. Denn Sie erreichen enorme Geschwindigkeiten und bei einem Sturz ist die Verletzungsgefahr dementsprechend groß. Helm, Knie- und Ellbogenschützer sowie Handprotektoren werden in verschiedenen Qualitäten angeboten. Auf Nummer sicher gehen Sie dann, wenn Ihre Schutzsausrüstung das TÜV-Siegel „Geprüfte Sicherheit" trägt.

Nordic Blading – die Techniken

Grundsätzlich gibt es zwei Techniken: die klassische Technik mit Diagonalschritt und Doppelstock sowie die Skating-Technik. Bestimmt kennen Sie diese Techniken von Skilauf-Veranstaltungen. Auf geraden Strecken kommt die klassische Technik zum Einsatz, während bei einem Bergauflaufen die Ski im Skatingstil eingesetzt werden. Der so genannte Doppelstockschub ist die Grundtechnik des Nordic Blading. Hier sind die Arme auf Schulterhöhe nach vorn gestreckt und Sie stoßen sich parallel mit beiden Stöcken ab. Dabei verlagern Sie das gesamte Gewicht auf die Stöcke. Beim Abstoß beugt sich der Oberkörper automatisch weit nach unten und die Hände schwingen in Kniehöhe am Körper vorbei. Der Unterschied beim schnellen Doppelstockschub ist, dass hier die Arme zu 90 Grad gebeugt bleiben und der Oberkörper relativ wenig bewegt wird. Der Stockeinsatz erfolgt so nahe wie möglich am Körper und die Knie bleiben ständig etwas gebeugt. Das erhöht die Geschwindigkeit und ist deshalb besonders gut an leichten Steigungen und bei Beschleunigungen geeignet. Beachten Sie, dass die Hände im Gegensatz zur Grundtechnik den Körper nicht passieren sollten! Alternativ zum Doppelstockschub kann das symmetrische oder das asymmetrische Skating angewendet werden. Beim asymmetrischen Skating erfolgt auf jeden zweiten Beinabstoß ein Doppelstockschub. Dabei werden die Stöcke parallel zur Skaterichtung aufgesetzt, um unnötige Drehbewegungen zu vermeiden. Der Unterschied beim symmetrischen Skating ist, dass hier auf jeden Beinabstoß ein Doppelstockschub erfolgt.

Ski-Langlauf: die Mutter des Nordic Walking

Ski-Langlauf ist ein optimales Ausdauertraining. Muskulatur, Knochen, Bänder und Sehnen werden gestärkt und der Stoffwechsel der Bandscheiben wird gefördert. Wegen seiner dynamischen und gleitenden Bewegungen auch Nordic Skiing genannt, ist der Ski-Langlauf eine sehr gelenkschonende Sportart und deshalb aus gesundheitlicher Sicht sehr empfehlenswert. Durch die geringe Verletzungsgefahr eignet sich der Ski-Langlauf optimal für Jung und Alt. Er birgt nur ein kleines Problem – Sie können ihn nur im Winter ausüben. Doch wenn es so weit ist und der Schnee die Wiesen und Pisten bedeckt, dann ist der Ski-Langlauf die optimale Alternative zu Nordic Walking. Die Ruhe genießen, einfach abschalten, vielleicht auch ein paar Pfunde verlieren und alle Sinneseindrücke noch intensiver erleben – mit Nordic Skiing können Sie all dies erleben. Beim Ski-Langlauf trainieren Sie, wie auch beim Nordic Walking und Nordic Blading, scho-

nend etwa 90 Prozent der Muskulatur des Körpers. Das Herz-Kreislauf-System wird gefordert und somit die Kondition verbessert. Schonend wirkt sich dieser Sport auch auf den Bewegungsapparat und die Wirbelsäule aus. Wenn Sie Ski-Langlauf als Anfänger betreiben, sollten Sie erst einmal gerade und ebene Strecken auswählen und pro Tag nicht länger als zwei Stunden auf den Brettern stehen. So gewöhnen Sie sich schneller an die Belastung, ohne sich zu überfordern.

Ski-Langlauf – die Techniken

Beim Ski-Langlauf werden zwei Techniken unterschieden: die klassische und die freie Technik. Zur klassischen Technik gehören beispielsweise die Doppelstocktechnik, die Diagonaltechnik, die Grätenschritttechnik und die Abfahrttechnik. Weiterhin zählen auch die verschiedenen Abfahrttechniken und Richtungsänderungen dazu. Die freie, auch Skating-Technik genannt, beinhaltet dagegen sämtliche Ski-Langlauftechniken, alle Techniken der klassischen Disziplinen sowie alle so genannten Schlittschuhschritt-Techniken. Bei der Skating-Technik erfolgt ein stärkerer Einsatz der Arme. Dadurch wird mit etwa 40 Stundenkilometern auf der Ebene eine wesentlich höhere Geschwindigkeit erreicht, als es bei der klassischen Technik der Fall ist. Doch nicht nur eine höhere Geschwindigkeit ist das Ergebnis. Auch der Oberkörper wird intensiver gestärkt und die Koordinationsfähigkeit verbessert. Beide Techniken schonen die Gelenke und beeinflussen positiv Herzfrequenz, Blutdruck und die Sauerstoffaufnahme ins Blut.

Nordic Snowshoeing: Schneeschuhwandern auf Stöcken

Schneeschuhe sind keine Erfindung der Neuzeit. Schon die Ureinwohner Nordamerikas benutzten sie, um nicht im tiefen Schnee zu versinken. Ähnlich wie beim Nordic Walking, Nordic Blading oder Nordic Skiing kann man bei dieser Sportart jede Menge Kalorien verbrennen und das Herz-Kreislauf-System sowie die Muskulatur stärken. Das gelenkschonende

Schneeschuhwandern bietet aber auch die besten Voraussetzungen, um Stress abzubauen, und natürlich jede Menge Spaß – ob allein oder in der Gruppe. Ganz nebenbei genießen Sie die Winterlandschaft in vollen Zügen. Der große Vorteil des Schneeschuhwanderns ist, dass jeder, der laufen kann, diesen Freizeitsport auch ausüben kann. Besondere Fähigkeiten sind nicht erforderlich. Die persönliche körperliche Verfassung gibt vor, welche Strecke Sie wählen und mit welcher Intensität Sie loslegen können. Dabei ist nicht entscheidend, in welchem Gelände Sie sich bewegen, da die Konstruktion der Schneeschuhe das Einsinken in den tiefen Schnee weit gehend verhindert. Wenn Sie sich jedoch in lawinengefährdeten Gebieten oder in Lebensräumen von Wildtieren bewegen, sollten Sie sich vorher das nötige Wissen darüber aneignen. Oder Sie wandern in Begleitung eines Schneeschuhlehrers, der Ihnen das nötige Wissen vermitteln kann. Auch bieten viele Hotels in Wintersportgebieten organisierte Schneeschuhwanderungen an.

Schneeschuhwandern – die Ausrüstung

Gute Wanderschuhe, Stöcke und natürlich Schneeschuhe: Das ist das Equipment, das Sie für Ihre Schneeschuhwanderung benötigen. Wie bei den anderen Nordic-Sportarten auch, sollten Sie sich bei der Auswahl Ihrer Schneeschuhe gut beraten lassen. Denn auch hier ist Schuh nicht gleich Schuh. So gibt es beispielsweise Schneeschuhe aus Kunststoff oder Aluminium. Der vorrangige Unterschied zwischen beiden Schuhen ist, dass der Kunstoff-Schneeschuh im Schnee besser greift als der Aluminium-Schneeschuh. Bergauf kann das sicherlich ein Vorteil sein, ein lockeres und leicht gleitendes Bergab ist dadurch jedoch nicht möglich. Deshalb ist der Kunststoff-Schneeschuh eher für kurze Wanderungen oder für Snowboarder geeignet, da sie in der Regel die Schneeschuhe nur für den Aufstieg verwenden. Der Schneeschuh aus Aluminium greift beim Bergaufgehen nicht von selbst. Deshalb sind die meisten Aluminium-Schneeschuhe bereits mit Eiskrallen ausgestattet. Bergab dagegen ermöglicht der Schuh das leichte Gleiten, wodurch die Sprunggelenke geschont werden und auch Kraft gespart werden kann. Schneeschuhe aus Aluminium sind zwar etwas teurer, jedoch für längere Touren besser geeignet. Darüber hinaus haben sie einen entscheidenden Vorteil: Sie lassen sich bei Bedarf reparieren. Damit Sie sich nicht selbst auf die Füße treten, sollten sich die Schneeschuhe bequem und mit etwas Abstand voneinander setzen lassen. Dabei sollte ein Schneeschuh nicht länger als die eigene Schrittlänge sein. Wenn Sie mit Schneeschuhen wandern, benötigen Sie jedoch auch normales Schuhwerk. Besonders gut geeignet sind bequem sitzende wasserfeste und leichte Trekking- oder Wanderschuhe. Bei längeren Touren sollten wegen der Durchnässungsgefahr so genannte Schalenschuhe verwendet werden. Aber auch Gamaschen oder Stulpen verhindern das Eindringen von Schnee in den Schaft der Schuhe.

Die Stöcke

Um das Gleichgewicht halten zu können und leichter im Schnee vorwärts zu kommen, sind Stöcke eine große Erleichterung. Nun müssen Sie aber nicht für jede Nordic-Sportart ein Paar Stöcke kaufen. Wenn Sie beispielsweise im Sommer nordisch walken, kaufen Sie sich Stöcke, bei denen die Spitzen einfach gegen kleine Schneeteller ausgetauscht werden können. Die Schneeteller erhalten Sie in jedem gut sortierten Sportgeschäft. Dort werden die unterschiedlichen Pads häufig auch in einem preisgünstiges Set angeboten.

Essen und Trimmen: beides sollte stimmen

Fit und ausdauernd beim Sport – die richtige Ernährung macht es möglich

Gesundes und ausgewogenes Essen und Trinken sind nicht nur für eine effektive Gewichtsabnahme wichtig und hilfreich. Ihr Körper benötigt regelmäßig einen bunten Cocktail aus verschiedenen Nähr- und Vitalstoffen, um leistungsfähig zu bleiben.

Kohlenhydrate: Benzin für den Körper

Aus den Kohlenhydraten kann der Körper am schnellsten und effektivsten Energie gewinnen. Die sportliche Leistung ist eng an eine ausreichende Kohlenhydratzufuhr gekoppelt. Bei intensiven sportlichen Aktivitäten gewinnt der Muskel die benötigte Energie fast ausschließlich aus Kohlenhydraten. Hierfür werden die Blutglukose und die gespeicherten Kohlenhydrate in Form von Glycogen aus der Leber und der Muskulatur herangezogen. Gut trainierte Sportler haben einen Kohlenhydratvorrat von maximal 500 Gramm in Leber und Muskeln. Sind die Kohlenhydratspeicher erschöpft, schaltet der Körper vermehrt auf die Energiegewinnung aus Fett um. Jedoch nicht vollständig, denn der Körper kann die Fette ohne Kohlenhydrate nicht zur Energiegewinnung abbauen. Bei einer intensiven sportlichen Betätigung reichen die Glycogenspeicher in den Muskeln für etwa eine Stunde, während das Leberglycogen zum Ausgleich des Blutzuckerspiegels bis zu drei Stunden reicht. Wer also länger als eine Stunde intensiv trainiert, sollte seine Kohlenhydratspeicher, z. B. mit Obst oder Müsliriegeln, auffüllen.

Nährstoffanteile am Energieumsatz

Belastungsdauer	Verwertete Energieträger
Kürzer als 1 Minute	Energiereiche Phosphate
Kürzer als 5 Minuten	Ausschließlich Kohlenhydrate
6–10 Minuten	Überwiegend Kohlenhydrate, teilweise Fette
Kürzer als 60 Minuten	Kohlenhydrate und Fette
Länger als 60 Minuten	Vermehrt Fette, teilweise Eiweiß und wenig Kohlenhydrate

Aus diesem Grund ist es sehr wichtig, dass Sie kohlenhydratreich essen. Der empfohlene Kohlenhydratanteil liegt bei etwa 50 Prozent der täglichen Gesamtenergiemenge. Nach ihrer Molekülgröße und Wirkung lassen sich die Kohlenhydrate im Wesentlichen in drei Gruppen einteilen:

Schnell verdauliche Kohlenhydrate:

- Zucker
- Zuckerhaltige Speisen und Getränke
- Süßigkeiten
- Fruchtsaft, 100 Prozent Frucht, ohne Zuckerzusatz
- Bananen und Trockenobst

Lebensmittel, denen Zucker in größeren Mengen zugesetzt wird, sind für sportliche Akti-

vitäten weniger empfehlenswert. Durch eine schnelle Resorption steigt der Blutzuckerspiegel schnell an, was mit einem erhöhten Insulinbedarf verbunden ist. Ein erhöhter Insulinspiegel hemmt wiederum die Fettverbrennung, sodass bei einer sportlichen Betätigung mehr Kohlenhydrate als nötig zur Energiegewinnung herangezogen werden und entsprechend schnell die Kohlenhydratvorräte im Körper (Glycogenspeicher) geleert sind. Für den schnellen energetischen Kohlenhydratkick während des Trainings eignen sich beispielsweise Bananen und Säfte, die zu 100 Prozent aus Frucht bestehen.

Langsam verdauliche Kohlenhydrate:

- Vollkornprodukte
- Müsli
- Hülsenfrüchte
- Kartoffeln
- Obst
- Milch und Milchprodukte

Die Schnelligkeit der Kohlenhydrataufnahme ins Blut ist bei diesen Lebensmitteln leicht verzögert. Durch die gleichzeitige Aufnahme von Fett und/oder Ballaststoffen verlängert sich die Verweildauer der Speisen im Magen. Deshalb gelangen die Kohlenhydrate verzögert ins Blut, bewirken einen langsameren Blutzuckeranstieg und sättigen länger. Diese Lebensmittel sollten Sie möglichst täglich sowie vor und nach dem Sport essen. Damit das Training nicht durch die Verdauung einer Hauptmahlzeit beeinträchtigt wird, ist es sinnvoll, zwei bis drei Stunden vorher keine üppigen Portionen zu essen. Kleine, leichte Zwischenmahlzeiten können 30 bis 60 Minuten vor dem Nordic Wal-

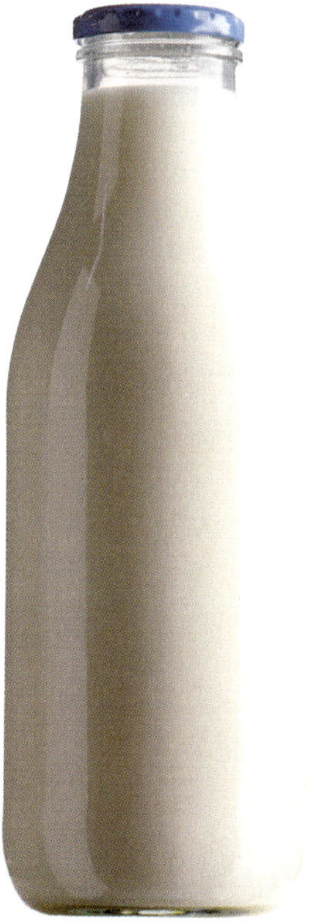

king gegessen werden. Nach dem Sport bewirken Kohlenhydrate eine schnelle Regeneration durch eine optimale Auffüllung der Glycogenspeicher. Sie fühlen sich schnell wieder fit und leistungsfähig.

Unverdauliche Kohlenhydrate:

- Ballaststoffe

Ballaststoffe sind spezielle Kohlenhydratverbindungen, die der Körper nicht zur Energiegewinnung verwerten kann. Sie fördern die Verdauung, wirken sättigend und begünstigen einen konstanten Blutzuckerspiegel. Die Deutsche Gesellschaft für Ernährung (DGE) empfiehlt eine tägliche Ballaststoffmenge von 30 Gramm. Wenn Sie sich abwechslungsreich ernähren, ist es gar nicht so schwer, diese Menge zu erreichen.

So essen Sie täglich ballaststoffreich

- 2 Scheiben Weizenvollkornbrot (7 g Ballaststoffe) plus
- 2 Scheiben Roggenvollkornbrot (8 g Ballaststoffe) plus
- eine Portion Gemüse (9 g Ballaststoffe) plus
- eine Hand voll Beerenobst (7 g Ballaststoffe) plus
- einen mittelgroßen Apfel (3 g Ballaststoffe)

Eiweiß: weniger ist mehr

Die Hauptaufgabe von Eiweiß besteht im Aufbau von Muskeln und Zellen. Weiterhin kommt ihnen eine wichtige Funktion als Bestandteil von Hormonen, Enzymen und Immunstoffen zu. Daneben erfüllen die verschiedenen Aminosäuren (lebensnotwendige Eiweißbausteine) im Stoffwechsel unterschiedliche Funktionen. Bei sehr lang andauernden Belastungen kann Körpereiweiß auch zur Energiegewinnung herangezogen werden. Jedoch ist der Eiweißabbau immer mit einem gleichzeitigen Energieverlust sowie einem möglichen Abbau von Muskeln verbunden. Deshalb sollte Eiweiß nicht als Energiequelle für den Körper dienen. Im Durchschnitt isst jeder Mensch täglich etwa anderthalb Gramm Eiweiß pro Kilogramm Körpergewicht. Damit liegt die Eiweißzufuhr doppelt so hoch als von der DGE empfohlen. Lediglich für Hochleistungs- oder Kraftsportler wäre diese Eiweißmenge akzeptabel. Im Freizeitsport liegt die empfohlene Eiweißmenge bei 0,8 Gramm Eiweiß pro Kilogramm Körpergewicht oder maximal 70 bis 80 Gramm Eiweiß täglich. Eine Eiweißzufuhr die weit über dem Bedarf liegt, wird nicht zum Muskelaufbau herangezogen, sondern belastet den Stoffwechsel und die Nieren. Neben der aufgenommenen Eiweißmenge ist für Sportler vor allem die Eiweißqualität von Bedeutung. Die Qualität des aufgenommenen Eiweißes wird

im Wesentlichen durch den Gehalt an lebensnotwendigen Eiweißbausteinen (Aminosäuren) bestimmt. Je mehr das Verhältnis der einzelnen Aminosäuren dem Bedarf des Sportlers entspricht, desto höher ist die Eiweißqualität. Das wird auch als biologische Wertigkeit bezeichnet. Im Gegensatz zu pflanzlichem besitzt tierisches Eiweiß eine höhere biologische Wertigkeit. Zu den tierischen Eiweißlieferanten zählen neben Käse, Fleisch, Wurst, Fisch, Milch und Milchprodukten auch Eier. Die Wertigkeit von pflanzlichem Eiweiß ist geringer. Sie lässt sich durch gezielte Kombinationen mit anderen pflanzlichen oder tierischen Eiweißlieferanten steigern. Beispiele dafür sind Kombinationen aus Kartoffeln und Ei, Milchprodukten, Hülsenfrüchten mit Getreide, Sojaprodukten oder ein einfaches mit Käse oder Wurst belegtes Vollkornbrot.

So essen Sie täglich eiweißbewusst

- 1/4 l fettarme Milch, Jogurt oder Buttermilch plus
- 150 g fettarmes Fleisch plus
- fünf mittelgroße Scheiben Brot plus
- zwei Scheiben Käse oder Wurst plus
- drei mittelgroße Kartoffeln

Fette – (ge)wichtiger Energielieferant

Fette stellen für den Sportler aufgrund ihres hohen Brennwertes von neun Kalorien pro Gramm eine weitere wertvolle Energiequelle dar. Sie werden allerdings nur bei länger andauernden Belastungen (bei fast völliger Erschöpfung der Glycogenvorräte) als Energiequelle genutzt. Die Umstellung des Stoffwechsels auf eine überwiegende Fettverbrennung dient dazu, die noch vorhandenen Glycogenreserven zu schonen, falls diese beispielsweise noch für einen Endspurt gebraucht werden. In Bezug auf die täglich verzehrte Energiemenge sollte die Fettzufuhr auch bei Breitensportlern einen Anteil von maximal 30 Prozent nicht überschreiten. Denn Fette liefern doppelt so viel Energie wie Kohlenhydrate und Eiweiß. Fettreiche Speisen bergen also die Gefahr von Übergewicht. Doch ganz ohne Fett geht es auch nicht. Der tatsächliche Fettanteil in der Nahrung liegt meist bei 40 Prozent und mehr. Die Nahrungsfette unterscheiden sich durch ihren Gehalt an gesättigten sowie einfach und mehrfach ungesättigten Fettsäuren. Empfehlenswert ist ein täglicher Anteil von maximal sieben Prozent gesättigter Fettsäuren, zehn Prozent und mehr einfach ungesättigter Fettsäuren sowie ein Anteil von maximal zehn Prozent mehrfach ungesättigter Fettsäuren. Bei der Auswahl des täglich verwendeten Nahrungsfettes ist auf ein ausgewogenes Verhältnis zwischen gesättigten sowie einfach und mehrfach ungesättigten Fettsäuren zu achten. Ein zu hoher Gehalt an gesättigten

Fettsäuren, die in tierischen Fetten wie beispielsweise in Butter oder Speck enthalten sind, bewirken einen Anstieg des Cholesterinspiegels. Bevorzugen Sie für die Zubereitung der Speisen fettarme Garmethoden wie Grillen, Braten in teflonbeschichteten Pfannen, Schmoren im Römertopf oder im Bratschlauch. Geben Sie pflanzlichen Fetten wie Oliven- und Rapsöl den Vorzug. Denn der Körper ist nicht in der Lage, diese selbst herzustellen, und ist auf die Nahrungsaufnahme angewiesen.

Vitalstoffe für die körperliche Leistungsfähigkeit

Vitalstoffe wie Vitamine und Spurenelemente sind auch für Breitensportler lebenswichtig. Sie sind im Organismus an einer Vielzahl von Stoffwechselreaktionen beteiligt. Auch für die Energiegewinnung während des Nordic Walking braucht der Körper diese Stoffe. Besonders Vitamine der B-Gruppe sind für die Energiegewinnung unentbehrlich. Sie spielen beim Abbau der Nährstoffe Fett, Eiweiß und Kohlenhydrate eine entscheidende Rolle. Durch einen abwechslungsreichen Speiseplan mit frischem Obst, Gemüse, Kartoffeln, Vollkornprodukten, Milch und Milchprodukten sowie Fisch und kleinen Mengen Eiern oder Fleisch versorgen Sie Ihren Körper mit allen lebenswichtigen Vitaminen und Mineralstoffen. Wichtig ist eine ausreichende Versorgung mit Natrium, Kalium, Magnesium, Calcium sowie den Spurenelementen Eisen und Jod. Eine ausgewogene Ernährung liefern auch hier die täglich benötigten Mengen. Für eine ausreichende Magnesium- und Calciumversorgung bieten sich außerdem Mineralwässer und Saftschorlen an.

So essen Sie täglich fettbewusst

- ein Esslöffel Butter oder Margarine plus
- ein bis zwei Esslöffel Pflanzenöl plus
- 150 g fettarmes Fleisch plus
- eine Scheibe fettarme Wurst plus
- eine Scheibe fettarmer Käse plus
- ein Becher fettarmer Fruchtjogurt (150 g) plus
- 150 bis 200 ml fettarme Trinkmilch

Übersicht der wasser- und fettlöslichen Vitamine

Wasserlösliche Vitamine:

Vitamin B1 (Thiamin)

Aufgaben im Körper:
- Beteiligt am Energie- und Nervenstoffwechsel
- Kräftigt das Herz
- Hilfreich bei Verdauungsbeschwerden

Natürliche Quellen:
- Fettarmes Schweinefleisch
- Vollkornprodukte
- Scholle und Tunfisch
- Kartoffeln

Empfohlene Tagesdosis für Erwachsene*:
- Frauen: 1,0 mg
- Männer: 1,2 mg

Mangelerscheinungen:
- Müdigkeit
- Konzentrationsstörungen
- Nervenentzündungen

Vitamin B2 (Riboflavin)

Aufgaben im Körper:
- Wichtig für die Energiebereitstellung im Organismus
- Kann Migränebeschwerden verbessern

Natürliche Quellen:
- Milch und Milchprodukte
- Vollkornprodukte
- Rindfleisch
- Eier
- Fisch

Empfohlene Tagesdosis für Erwachsene*:
- Frauen: 1,2 mg
- Männer: 1,4 mg

Mangelerscheinungen:
- Risse in den Mundwinkeln (Mundwinkel-Rhagaden)
- Entzündungen der Mundschleimhaut
- Erhöhte Empfindlichkeit gegen direkte Sonnenstrahlung

Vitamin B6 (Pyridoxin)

Aufgaben im Körper:
- Beugt Herz-Kreislauf-Erkrankungen und Schlaganfall vor
- Spielt eine zentrale Rolle beim Eiweißstoffwechsel

Natürliche Quellen:
- Fisch
- Geflügel
- Kartoffeln
- Bananen

Empfohlene Tagesdosis für Erwachsene*:
- Frauen: 1,2 mg
- Männer: 1,5 mg

Mangelerscheinungen:
- Bei schwerem Mangel: akneähnliche Hautveränderungen

Vitamin B12 (Cobalamin)

Aufgaben im Körper:
- Trägt zum Aufbau roter Blutkörperchen bei
- Beteiligt am körperlichen Eiweißaufbau

Natürliche Quellen:
- Innereien
- Fisch
- Eier
- Fleisch
- Käse
- Sauerkraut

Empfohlene Tagesdosis für Erwachsene*:
- Frauen: 3 µg
- Männer: 3 µg

Mangelerscheinungen:
- Blutarmut
- Blässe
- Nervenstörungen

Vitamin C (Ascorbinsäure)

Aufgaben im Körper:
- Stärkt das Immunsystem
- Fördert die Eisenaufnahme aus Nahrungsmitteln
- Beteiligt am Aufbau und der Erhaltung von Bindegewebe und Knochen

Natürliche Quellen:
- Zitrusfrüchte
- Beerenobst
- Kartoffeln
- Paprikaschoten
- Kiwis
- Dunkelgrünes Blattgemüse

Empfohlene Tagesdosis für Erwachsene*:
- Frauen: 100 mg
- Männer: 100 mg

Mangelerscheinungen:
- Erhöhte Infektanfälligkeit

Vitamin H (Biotin)

Aufgaben im Körper:
- Fördert die Gesundheit von Haaren und Haut
- Beteiligt am Kohlenhydrat-, Fett- und Eiweißstoffwechsel

Natürliche Quellen:
- Nüsse
- Haferflocken
- Reis
- Eier
- Leber

Empfohlene Tagesdosis für Erwachsene*:
- Frauen: Schätzwert von 30 bis 60 µg
- Männer: Schätzwert von 30 bis 60 µg

Mangelerscheinungen:
- Eingerissene Mundwinkel
- Schuppige Haut

Folsäure

Aufgaben im Körper:
- Wichtig für die Teilung und Bildung von roten und weißen Blutkörperchen
- Senkt das Risiko von Herz-Kreislauf-Erkrankungen und Schlaganfällen
- Schützt vor Geburtsfehlern wie dem Neuralrohrdefekt

Natürliche Quellen:
- Grünes Gemüse
- Vollkornprodukte
- Folsäureangereicherte Frühstücksflocken

Empfohlene Tagesdosis für Erwachsene*:
- Frauen: 400 µg
- Männer: 400 µg

Mangelerscheinungen:
- In der Schwangerschaft kann es Missbildungen am Ungeborenen begünstigen.
- Blutarmut

Niacin (Nicotinsäureamid)

Aufgaben im Körper:
- Stärkt den Kreislauf
- Wichtig für den Energieumsatz
- Begünstigt eine gesunde Haut
- Unterstützt den reibungslosen Ablauf von Herzfunktion und Nierensystem

Natürliche Quellen:
- Geflügel
- Rindfleisch
- Fisch
- Nüsse
- Brot und Backwaren
- Kartoffeln

Empfohlene Tagesdosis für Erwachsene*:
- Frauen: 13 mg
- Männer: 16 mg

Mangelerscheinungen:
- Schlaflosigkeit
- Appetitlosigkeit
- Gewichtsverlust
- Bei starkem Mangel: Hautveränderungen

Pantothensäure

Aufgaben im Körper:
- Fördert ein gesundes Nervensystem
- Wichtig beim Eiweiß-, Fett- und Kohlenhydratstoffwechsel

- Verbessert allergische Hautsymptome

Natürliche Quellen:
- Eier
- Leber
- Reis

Empfohlene Tagesdosis für Erwachsene*:
- Frauen: Schätzwert 6 mg
- Männer: Schätzwert 6 mg

Mangelerscheinungen:
- Selten Kopfschmerzen und Müdigkeit

Fettlösliche Vitamine:

Vitamin A (Retinol), Vorstufe Betacarotin

Aufgaben im Körper:
- Stärkt das Immunsystem
- Fördert die Sehkraft
- Wichtig zum Aufbau und Erhalt von Haut und Schleimhäuten

Natürliche Quellen:
- Karotten
- Rote Paprika
- Diätmargarinen

- Butter
- Eigelb
- Fisch
- Innereien

Empfohlene Tagesdosis für Erwachsene*:
- Frauen: 0,8 mg
- Männer: 1,0 mg

Mangelerscheinungen:
- Nachtblindheit
- Trockene Schleimhäute
- Geschwächtes Immunsystem

Vitamin D (Calciferol)

Aufgaben im Körper:
- Unterstützt die Calciumaufnahme in den Körper
- Wichtig für Knochen und Zähne

Natürliche Quellen:
- Fetter Fisch wie Lachs, Hering und Tunfisch
- Eier

Empfohlene Tagesdosis für Erwachsene*:
- Frauen: 5 µg
- Männer: 5 µg

Mangelerscheinungen:
- Erhöhte Gefahr von Knochenbrüchen

Vitamin E (Tocopherol)

Aufgaben im Körper:
- Wichtig zum Schutz vor Herzerkrankungen
- Stärkt das Immunsystem
- Unterstützt die Wundheilung

Natürliche Quellen:
- Diätmargarinen
- Pflanzenöle
- Nüsse
- Weizenkeime
- Grünes Blattgemüse
- Vollkornprodukte

Empfohlene Tagesdosis für Erwachsene*:
- Frauen: 12 mg
- Männer: 14 mg

Mangelerscheinungen:
- Muskelschwäche
- Selten Nervenerkrankungen

Vitamin K (Phyllochinon)

Aufgaben im Körper:
- Beteiligt an der Bildung von Gerinnungsfaktoren im Blut
- Hilft Blutungen zu stoppen
- Wichtig zum Aufbau starker Knochen

Natürliche Quellen:
- Grünes Blattgemüse
- Pistazien
- Rosenkohl
- Fleisch
- Leber
- Milchprodukte

Empfohlene Tagesdosis für Erwachsene*:
- Frauen: 60 µg
- Männer: 70 µg

Mangelerscheinungen:
- Erhöhte Blutungsneigung

*** Die jeweilige Tagesdosis entspricht den Empfehlungen der Deutschen Gesellschaft für Ernährung (DGE), Ernährungsbericht 2000.**

Kleine Stoffe – große Wirkung: Mineralstoffe und Spurenelemente

Eine abwechslungsreiche Lebensmittelauswahl versorgt den Körper mit allen erforderlichen Vitalstoffen. Mineralstoffe sind wie Vitamine lebensnotwendig für den menschlichen Organismus. Man unterscheidet zwei Gruppen von Mineralstoffen: Je nach benötigter Menge im Körper heißen sie Mengen- oder Spurenelemente. Mengenelemente kommen im Organismus in hohen Konzentrationen vor. Die Empfehlungen für die Mengenelemente werden in Milligramm (mg) pro Tag angegeben. Die Spurenelemente erklären sich schon durch ihren Namen: Von diesen Stoffen benötigt der Körper nur kleinste Mengen, die in millionstel bis tausendstel Gramm (μg) pro Tag empfohlen werden. Da der körpereigene Speicher an Mengen- und Spurenelementen gering ist, reicht der Vorrat nur für wenige Tage aus. Um Mangeler-krankungen zu vermeiden, ist unbedingt auf eine abwechslungsreiche Lebensmittelauswahl zu achten. Gerade Frauen sind von einem Mangel an Calcium und Eisen sehr häufig betroffen und sollten verstärkt darauf achten, dass sie regelmäßig calcium- und eisenreiche Lebensmittel essen.

Übersicht Mineralstoffe und Spurenelemente

Mengenelemente:

Natrium

Aufgaben im Körper:

- Regelt die Wassermenge vorwiegend außerhalb der Zellen
- Beteiligt an der Regulation des Säure-Basen-Haushalts
- Wichtig für die Erregbarkeit von Muskeln und Nerven

Natürliche Quellen:

- Schinken
- Salami
- Schmelzkäse
- Fertiggerichte
- Knabberartikel
- Mineralwasser
- Geräucherte und gepökelte Lebensmittel
- Bestandteil von Kochsalz in Gewürzzubereitungen

Empfohlene Tagesdosis für Erwachsene*:

- Frauen: 2 bis 3 g
- Männer: 2 bis 3 g

Mangelerscheinungen:

Ein Mangel tritt in unseren Breitengraden selten auf. Falls doch, werden diese Symptome beobachtet:

- Schwäche
- Teilnahmslosigkeit
- Muskelkrämpfe
- Blutdruckabfall

Kalium

Aufgaben im Körper:

- Regelt die Wassermenge vorwiegend innerhalb der Körperzellen
- Beeinflusst die Funktion des Herzens
- Beteiligt an der Regulation des Säure-Basen-Haushalts
- Bestandteil der Verdauungssäfte
- Hat Einfluss auf die Eiweißbildung und die Energiegewinnung aus Kohlenhydraten
- Mit verantwortlich für die Erregbarkeit von Muskeln und Nerven

Natürliche Quellen:

- Kartoffeln
- Aprikosen
- Nüsse
- Frisches und tiefgekühltes Obst und Gemüse
- Kakao
- Schokolade

Empfohlene Tagesdosis für Erwachsene*:

- Frauen: 3 bis 4 g
- Männer: 3 bis 4 g

Mangelerscheinungen:

- Schwäche und Schweregefühl in den Muskeln
- Erschlaffen der Muskulatur
- Funktionsstörungen der Herztätigkeit
- Verstopfung
- Blutdruckabfall

Calcium

Aufgaben im Körper:

- Unabdingbar zur Härtung von Knochen und Zähnen
- Dient dem Skelett als Aufbausubstanz
- Zuständig für die Weiterleitung von Impulsen an Nerven- und Muskelzellen

- Beteiligt an zahlreichen Stoffwechselvorgängen
- Aktiviert die Blutgerinnung

Natürliche Quellen:
- Milch und Milchprodukte
- Kräuter
- Grünes Gemüse wie Broccoli, Paprika, Lauch, Grünkohl

Empfohlene Tagesdosis für Erwachsene*:
- Frauen: 1.000 mg
- Männer: 1.000 mg

Mangelerscheinungen:
- Schmerzhafte Muskelkrämpfe
- Abbau der Knochenmasse: bei Kindern Rachitis, bei Erwachsenen Osteoporose
- Chronische Veränderungen an Haut, Haaren, Nägeln und Zähnen

Phosphor

Aufgaben im Körper:
- Regulation des Säure-Basen-Haushalts
- Wichtiger Energieüberträger im Organismus
- Wichtig beim Aufbau von Zellwänden
- Bedeutend für die Gehirn- und Nerventätigkeit
- Beschleunigt als Bestandteil der roten Blutkörperchen die Blutgerinnung

Natürliche Quellen:
- Lachs
- Schmelzkäse
- Wurstwaren
- Colahaltige Getränke

Empfohlene Tagesdosis für Erwachsene*:

Frauen: 800 mg

Männer: 800 mg

Mangelerscheinungen:

Ein Mangel tritt in unseren Breitengraden selten auf. Falls doch, werden diese Symptome beobachtet:
- Muskelschwäche
- Knochenerweichung
- Bei Kindern in Kombination mit Vitamin-D-Mangel: Rachitis

Magnesium

Aufgaben im Körper:
- Beteiligt am Aufbau von Knochen, Zähnen und Sehnen

- Wichtig für die Informationsübertragung vom Nerv zum Muskel
- Beteiligt an mehr als 300 Stoffwechselvorgängen
- Hemmt die Blutgerinnung zum Schutz vor Thrombosen
- Beeinflusst die Ausschüttung von Adrenalin
- Beteiligt am reibungslosen Funktionieren des Nervensystems

Natürliche Quellen
- Vollkornprodukte
- Spinat
- Kohlrabi
- Bananen
- Papaya

Empfohlene Tagesdosis für Erwachsene*:
Frauen: 300 mg
Männer: 350 mg

Mangelerscheinungen:
- Muskelkrämpfe
- Schwindel
- Benommenheit
- Unruhe und Zittern
- Herz-Kreislauf-Probleme
- Bewusstseinstrübungen
- Gewichtsabnahme

Chlor

Aufgaben im Körper:
- Besonders wichtig für den Flüssigkeitshaushalt innerhalb und außerhalb der Körperzellen
- Wichtiger Bestandteil der Magensäure
- Beteiligt am Verdauungsvorgang

Natürliche Quellen:
- Schinken
- Salami
- Schmelzkäse
- Fertiggerichte
- Knabberartikel
- Mineralwasser
- Geräucherte und gepökelte Lebensmittel
- Bestandteil von Kochsalz vorwiegend in Gewürzzubereitungen

Empfohlene Tagesdosis für Erwachsene*:
Frauen: 3 bis 5 g
Männer: 3 bis 5 g

Mangelerscheinungen:
- Verdauungsbeschwerden
- Muskelschwäche

Spurenelemente:

Eisen

Aufgaben im Körper:
- Bestandteil des roten Blutfarbstoffs (Hämoglobin)
- Bestandteil des Muskelfarbstoffs (Myoglobin)
- Beteiligt am Transport von Sauerstoff und Kohlendioxid im Blut
- Beteiligt an zahlreichen Stoffwechselvorgängen

Natürliche Quellen:
- Innereien
- Fleisch
- Pfifferlinge
- Hülsenfrüchte
- Vollkornprodukte

Empfohlene Tagesdosis für Erwachsene*:
Frauen: 15 mg
Männer: 10 mg

Mangelerscheinungen:
- Geschwächtes Immunsystem
- Allgemeine Schlappheit und Erschöpfung
- Müdigkeit
- Appetitlosigkeit

Selen

Aufgaben im Körper:
- Bestandteil von Enzymen
- Kann die Wirkung giftiger Schwermetalle wie Blei, Cadmium und Quecksilber im Körper herabsetzen
- Verhindert an der Zelloberfläche eine Zerstörung der Fettsäuren

Natürliche Quellen:
- Süß- und Salzwasserfische
- Speisehirse
- Sojaprodukte
- Fleisch

Empfohlene Tagesdosis für Erwachsene*:
Frauen: 50 bis 100 µg
Männer: 50 bis 100 µg

Mangelerscheinungen:
Ein Mangel tritt in unseren Breitengraden äußerst selten auf.

Jod

Aufgaben im Körper:
- Beteiligt an der Hormonproduktion der Schilddrüse

- Beteiligt an der Regulierung und an der Geschwindigkeit der Energiegewinnung aus der Nahrung

Natürliche Quellen:
- Jodiertes Speisesalz
- Salzwasserfische
- Fertiggerichte
- Brot- und Backwaren

Empfohlene Tagesdosis für Erwachsene*:
Frauen: 200 µg
Männer: 200 µg

Mangelerscheinungen:
- Vergrößerung der Schilddrüse (Kropf)
- Veränderung der Struktur und Funktion der Schilddrüse
- Unterfunktion der Schilddrüse
- Verzögerung des Wachstums
- Verlangsamter Stoffwechsel
- Konzentrationsschwäche
- Müdigkeit
- Antriebslosigkeit
- Durchfall
- Trockene, schuppige Haut, Haare und Nägel
- Stimmungss- und Gefühlsschwankungen

Fluor

Aufgaben im Körper:
- Sorgt für die Knochenstabilität
- Verantwortlich für das gesunde Wachstum von Knochen und Zähnen
- Härtet Zahnbein und Zahnschmelz
- Besitzt kariesverhütende Wirkung
- Einfluss auf die Bildung von Muskeln, Bändern, Bindegewebe, Haut und Haar

Natürliche Quellen
- Fleisch
- Fisch
- Schalen- und Krustentiere
- Kartoffeln
- Spinat

Empfohlene Tagesdosis für Erwachsene*:
Frauen: 1 mg
Männer: 1 mg

Mangelerscheinungen:
Ein Mangel tritt in unseren Breitengraden selten auf. Falls doch, zeigt sich folgendes Symptom:
- Knochenentkalkung

Mangan

Aufgaben im Körper:
- Bestandteil von Enzymen
- Beeinflusst die Knorpelbildung
- Beeinflusst den Kohlenhydrat- und Fettstoffwechsel
- Beteiligt an der körpereigenen Entgiftung

Natürliche Quellen:
- Getreide
- Vollkornprodukte
- Nüsse
- Hülsenfrüchte

Empfohlene Tagesdosis für Erwachsene*:
Frauen: 2 bis 5 mg
Männer: 2 bis 5 mg

Mangelerscheinungen:
Ein Mangel tritt in unseren Breitengraden selten auf.

Kupfer

Aufgaben im Körper:
- Hilfreich bei der Bildung roter Blutkörperchen
- Fördert die Eisenresorption aus dem Darm
- Beeinflusst die Verwertung von gespeichertem Eisen im Körper
- Bestandteil von Enzymen
- Wichtig für die körperliche Abwehrfunktion

Natürliche Quellen:
- Fleisch
- Nüsse
- Pilze
- Hülsenfrüchte
- Schwarzer Pfeffer

Empfohlene Tagesdosis für Erwachsene*:
Frauen: 2 bis 4 mg
Männer: 2 bis 4 mg

Mangelerscheinungen:
- Blutarmut
- Störungen der Knochenbildung
- Störungen der Haut- und Haarpigmentierung
- Geschwächtes Immunsystem

Zink

Aufgaben im Körper:
- Beeinflusst das Immunsystem
- Beeinflusst den Eiweiß- und Kohlenhydratstoffwechsel

- Wichtig für die Wundheilung
- Stabilisiert die Zellwände

Natürliche Quellen:
- Milch und Milchprodukte
- Fisch
- Fleisch
- Vollkornbrot

Empfohlene Tagesdosis für Erwachsene*:
Frauen: 7 mg
Männer: 10 mg

Mangelerscheinungen:
- Appetitlosigkeit
- Störungen im Stoffwechsel von Eiweiß, Fett und Kohlenhydraten
- Herabgesetztes Geschmacks- und Geruchsempfinden
- Haarausfall
- Schuppige Haut
- Langsame Wundheilung
- Erhöhte Infektanfälligkeit

*** Die jeweilige Tagesdosis entspricht den Empfehlungen der Deutschen Gesellschaft für Ernährung (DGE), Ernährungsbericht 2000**

Trinken – (k)eine Nebensache

Alle biologisch-chemischen Prozesse im Körper laufen im wässrigen Milieu ab. Auch die für Sportler wichtigen Energie liefernden Nährstoffe werden über die Blutflüssigkeit schnell zur arbeitenden Muskulatur transportiert. Beim Nordic Walking ist die Funktion des Wassers als Wärmeregulator von Bedeutung. Bei hart trainierenden Sportlern wurden Schweißverluste von drei bis zehn Litern

gemessen. Beim Breitensportler beläuft sich der Flüssigkeitsverlust durchschnittlich auf einen halben bis einen Liter, je nach gegebener Außentemperatur und Intensitätsgrad der Bewegung. Der Schwitzvorgang ist für die Aufrechterhaltung der körperlichen Leistungsfähigkeit besonders wichtig. Mit dem Schweiß wird die durch die Muskelarbeit verursachte Wärmeenergie abgeführt. Über die auftretende Verdunstungskälte wird der Organismus abgekühlt. Nur innerhalb eines sehr engen Kerntemperaturbereiches von 37 plus/minus 0,5 Grad Celsius ist der Körper in der Lage, optimal zu arbeiten. Auch eine durch das starke Schwitzen herbeigeführte Minderung der Blutflüssigkeit kann in erheblichem Maße die Leistungsfähigkeit einschränken. Bereits ab einem Wasserverlust von nur zwei Prozent des Körpergewichtes kommt es zu einem Schwächegefühl und einer Verminderung der Ausdauerleistungsfähigkeit. Die Ursache hierfür liegt in einer Bluteindickung und einer hierdurch notwendigen vermehrten Herzarbeit. Aus diesem Grund sollten Sie trinken, bevor der Durst kommt. So können alle Körpervorgänge auch während des Nordic Walking in gewohnter Weise ablaufen.

Wichtige Funktionen von Wasser

- Transportmittel für alle Nährstoffe im Körper
- Aufrechterhaltung des Blutvolumens und damit des Blutdrucks und Herz-Kreislauf-Systems
- Wärmeregulation, Aufrechterhaltung einer konstanten Körpertemperatur
- Ausscheidungsmittel für Harnstoff

Sportgetränke: Saftschorle und Mineralwasser

Wer Sport treibt, kommt ordentlich ins Schwitzen und wird durstig. Durst ist bereits ein Anzeichen von Flüssigkeitsmangel und bringt Leistungseinbußen mit sich. Ein zweiprozentiger Flüssigkeitsverlust kann die Leistungsfähigkeit bereits um 20 Prozent verringern. Vor, während und nach dem Sport sind kleine Mengen von 150 bis 250 Millilitern sinnvoll, um Schweiß- und Elektrolytverluste auszugleichen. Gleichzeitig lassen sich kleine Mengen an schnellresorbierbaren Kohlenhydraten aufnehmen, die für einen Energiekick sorgen. Saftschorle eignet sich als Sportgetränk besonders gut, denn dieses Getränk erfüllt alle Bedingungen, die an ein durstlöschendes Fitnessgetränk gestellt werden. Zum Mischen sind natrium- und magnesiumhaltige Mineralwässer empfehlenswert. Kohlensäurearme oder stille Mineralwässer, gemischt mit Saft sind als Fitnessgetränk optimal.

Sie sind besser verträglich und lassen sich bei großem Durst leichter und schneller trinken als kohlensäurehaltige Mineralwässer.

Achten Sie darauf, dass die Mineralstoffe in folgenden Mengen im Wasser enthalten sind:

- Natrium (Na): 400 bis 600 mg/l
- Magnesium (Mg): mindestens 100 mg/l
- Calcium (Ca): mindestens 200 mg/l

Sportdrinks sind häufig sehr zuckerreich

Fitnessdrinks, die als isotonische Durstlöscher angeboten werden, liegen im Trend. Doch hier ist Vorsicht geboten! Für sie existiert keine festgelegte Zutatenliste. Ihre Zusammensetzung kann je nach Hersteller sehr unterschiedlich sein. Oft sind große Mengen an Trauben- oder Haushaltszucker zugesetzt. Für Sportler, die über einen Zeitraum von mehr als einer Stunde intensiv trainieren, können diese Getränke als schnelle Kohlenhydratlieferanten hilfreich sein. Prüfen Sie vor dem Kauf dieser Getränke ganz genau, wie hoch der Zuckergehalt ist. Denn meistens sind die im Getränk enthaltenen Zuckermengen viel zu hoch und daher sehr kalorienreich. Flüssige Kalorien werden bei einer Gewichtsabnahme häufig vergessen. So kann aber eine 500 Milliliterflasche eines Sportgetränks dank des Zuckeranteils bis zu 300 Kalorien enthalten.

Nicht empfehlenswerte Fitnessgetränke

Colahaltige Getränke, Limonaden und zuckerhaltige Fruchtsaftgetränke enthalten hohe Mengen Zucker und sind als herkömmliche Fitnessgetränke nicht empfehlenswert. Schwarzer und grüner Tee sowie Kaffee entziehen dem Körper mehr Flüssigkeit, als sie spenden. Als Genussmittel sind sie völlig in Ordnung, für den Sport jedoch nicht. Energy-Drinks liefern sehr hohe Mengen an Koffein oder Taurin, Zucker sowie Traubenzucker und eignen sich nicht als Fitnessdrinks. Besondere Vorsicht ist bei alkoholischen Getränken geboten, denn nach dem Training kann die berauschende Wirkung des Alkohols verstärkt wirken.

Bildnachweis
Wir bedanken uns bei allen Firmen, die uns durch die Bereitstellung von Abbildungen freundlicherweise unterstützt haben.
Bilderbox: 19
djd deutsche journalisten dienste: djd/Astron Resort Kitzbühel 25
Hinterzarten Breitnau Tourismus GmbH: 24
ifa Bilderteam: 47, 65, 101
Klosterfrau Gesundheitsdienst: 7, 8, 16, 67, 70
LEKI Lenhart GmbH: 32, 34
Mauritius GmbH: 27
Odlo International AG: 12, 39, 40, 41, 45, 48, 52, 55, 56, 58, 76, 82, 87, 94, 99
Polar Electro GmbH: 5, 31, 73, 80
Staatsbad Meinberg GmbH: 14, 43, 61